국가 · 도시브랜드 마케팅

원제무

publishing and culture
피앤씨 미디어

책머리에

국가, 민족, 지역 간의 경계가 사라지는(borderless) 시대에 있어서 국가와 도시가 경쟁의 주체로 부각되면서 국가, 도시, 지역 간의 치열한 경쟁의 상황에 들어갔다고 할 수 있다.

사람, 자본, 기업의 활동영역이 넓어지고 국가와 도시들마다 새로운 투자를 끌어들이고, 창조계급을 유치하기 위한 노력을 펼치고 있다. 국가와 도시들은 도시마케팅 프로그램 등을 통해 투자유치와 관광수입 등을 올리기 위해 전력투구하고 있다. 이에 따라 국가와 도시들이 도시가 가진 자원과 정체성을 기반으로 차별화된 브랜드를 통해 도시마케팅에 한발 앞서 나가고 있다.

❁ 지금 우리 도시의 도시브랜드 마케팅은?

- 도시브랜드와 도시마케팅이 도시경쟁력을 이끌어가는 핵심요소라는 인식이 부족하다.
- 도시를 어떻게 브랜딩하고 마케팅해야 하는가에 대한 고민과 노력이 부족하다.
- 도시브랜드를 부서별 업무와 관련시켜 활용하고 관리하는 도시 거버넌스 구축이 미흡하다.
- 도시별 다른 도시와 비교하여 아직 차별적 도시이미지가 형성되어 있지 않다.
- 도시의 경쟁우위 달성을 위한 도시브랜드 경영전략이 수립되어 있지 않다.
- 도시브랜드가 도시별로 유사하여 도시의 고유성, 특성 등을 읽기가 쉽지 않다.

- 브랜딩을 위한 조직설계, 업무 및 프로세스 기획, 참여자 간의 협력적 거버넌스가 구축되어 있지 않다.

❁ 우리 도시가 추구해야 할 가치와 방향은?

- 도시의 역사, 문화, 전통, 가치, 산업, 예술 등을 기반으로 도시성(Cityness) 또는 장소성(Place Identity)을 찾아내어 방문객을 끌어들여야 도시경제가 살아나게 된다.
- 도시의 정체성을 발굴해 내면서 글로벌 차원에서 경쟁도시와 차별화될 수 있는 포지셔닝(Positioning) 작업이 우선적으로 요구된다.
- 도시의 창조산업(Creative Industry) 등의 유치를 통해 도시경제성장의 견인차가 될 수 있도록 도시마케팅전략을 세워야 한다.
- 랜드마크(Landmark)나 아이코닉 장소(Iconic Place) 등의 재발견을 통하여 리포지셔닝(Repositioning)하는 등 끊임없는 도시브랜드관리 전략이 요구된다.
- 도시의 정체성과 이미지를 유지할 수 있는 도시브랜드 관리조직과 브랜드 관련 네트워크 구축이 필요하다.
- 도시브랜드 형성과 지속적인 관리를 위한 부서 직원, 시민단체, 시민의 도시브랜드 관련 아이디어를 수용하는 협력적 네트워크를 구축해야 한다.
- 도시의 브랜드와 상위기관(도, 국가 등)브랜드와의 브랜드적 거버넌스가 이루어질 수 있도록 조화와 소통이 수반되어야 한다.

이러한 맥락에서 이 책에서는 국가 및 도시 마케팅과 국가·도시 브랜딩 이론 및 실천적 경험을 체계적으로 정리해 봄으로써 중앙정부와 지방자치단체들에게 실질적으로 도시행정에 적용할 수 있도록 기반을 마련하고자 한다. 이 책을 통해 중앙정부와 지자체들에게 적합한 마케팅과 브랜드전략과 아울러 도시별 독특한 자산과 문화, 그리고 역사에 근간한 정체성을 발견하는 기회가 마련될 것으로 기대한다.

이러한 시대적 패러다임의 변화를 중앙정부, 지자체, 전문가, 실무자, 행정가들이 적극 대응할 수 있도록 국가·도시브랜드 마케팅을 발간하게 되었다. 이 책은 우리나라 국가와 지자체가 도시마케팅을 통해 브랜드 가치와 경쟁력을 제고 하는 견인차이자 브랜딩에 대한 방법론을 논의하는 장이 될 것이다. 아울러 이 책을 통해 국내 지자체들에게 도시마케팅과 도시브랜딩의 가이드라인을 제시하는 계기가 될 수 있을 것이다.

이 책을 발간하는 데 있어서 편집과 집필방향에 도움을 준 피앤씨미디어 박노일 대표님과 심성보 이사님에게 이 자리를 빌어 진심으로 고마움을 전하고 싶다.

2016년 2월 22일

원제무

차례

PART 1

브랜드와 국가브랜드

Chapter 01 브랜드 · 브랜드 이미지 · 브랜드 아이덴티티

PART 2

국가브랜드 마케팅

Chapter 05 국가브랜드란 무엇인가?

Chapter 06 세계 국가의 국가브랜드 정책

PART 3

마케팅과 도시브랜드 브랜딩

Chapter 09 마케팅의 모든 것들

Chapter 10 도시마케팅

Chapter 13 장소성 읽기

Chapter 14 도시마케팅 계획 및 추진과정

PART 4

장소마케팅과 장소브랜딩

Chapter 18 전략적 장소마케팅을 위한 계획과정

PART 01

브랜드와 국가브랜드

Chapter 01 브랜드 · 브랜드 이미지 · 브랜드 아이덴티티

Chapter 02 브랜드 충성도와 디자인

Chapter 03 브랜드 자산관리

Chapter 04 브랜드 커뮤니케이션

Chapter 01

브랜드 · 브랜드 이미지 · 브랜드 아이덴티티

1.1 우리는 브랜드 속에 살고 있다

- 브랜드 소비자의 마음을 움직인 브랜드만이 살아남는 시대에 살고 있다.
- 강력한 브랜드 이미지는 소비자 가슴속에 남아 그 브랜드를 구매하고 지지하게 하는 원동력이 된다.
- 명확한 이미지를 남기는 브랜드가 본질적으로 차별화된 경쟁력을 갖추는 것이다.
- 강한 브랜드는 소비자에게 분명한 이미지를 남겨 브랜드가 차별화된 경쟁력을 가질 수 있도록 도와준다.
- 오늘날 각 기업이 내놓는 제품과 서비스가 비슷해지면서 소비자 마음에 어떤 브랜드로 인식되느냐는 더욱 중요해졌다.
- 브랜드는 기업·국가·도시가 전달하는 메시지와 고객의 인식이 일치될 때 위력을 발휘한다.
- 브랜드 이미지는 소비자들의 구매에 큰 영향을 끼친다. 기업들은 소비자 머릿속에 이미지를 심어주기 위해 품질, 서비스, 마케팅 등을 강화한다. 소비자 머릿속에 인식된 긍정적 브랜드 이미지가 경쟁력은 물론 브랜드 가치를 향상시키기 때문이다.
- 소비자에게 브랜드 아이덴티티를 인식시킬 수 있는 브랜드가 오랜 동안 사람들의 마음을 움직일 수 있다.
- 소비자에게 브랜드를 제시했을 때 가장 먼저 떠오르는 브랜드 이미지는 진정성있는 메시지로 소비자들의 가슴에 남게 된다.

- 세계 최고의 브랜드라고 누구나 알아 주는 애플 브랜드의 성공을 이야기할 때 그 요인으로서 충성스러운 애플 소비자를 꼽는다. 애플의 신제품이 나올 때는 밤새 기다려 구입하는 충성도 높은 고객들이 헤아릴 수 없을 정도로 많다. 애플의 디자인은 소박하고 단순하다.
- 스티브 잡스란 창조자는 우리가 어떻게 살고 싶어하는지 안다. 그는 고객이 자신을 믿게 만든다. 그는 고객의 물건 사는 방법을 변화시켰다. 그는 사람들의 소통과 비즈니스 문화를 바꾸어 놓았다. 이처럼 브랜드는 사람들의 마음속에 살아 있는 개념이다.
- "상품과 서비스의 DNA는 곧 브랜딩(branding)이다."

gerckm.egloos.com

- 하나은행에는 전 행장이 신임 행장에게 몽블랑 만년필을 넘겨주는 오랜 전통이 있다. 알프스 산맥의 최고봉에서 브랜드명이 유래한 몽블랑은 그 이름이 함축하는 '흰 산'이라는 뜻 그대로 몽블랑 정상에 덮인 눈을 형상화한 특유의 로고로도 알려져 있다.
- 브랜드 전문가인 Aaker(2015) 교수는 "삼성은 30년 전부터 일찌감치 브랜드 전략을 실행해왔고 2000년대 중반까지 휴대폰과 평면 TV 분야에서 특

히 잘했나"고 말한다. 그러나 아커 교수는 "삼성이라는 브랜드가 품질 개선, 광고, 스포츠구단 후원 등을 통해 외형적으로 성장했지만 전략 면에서는 애플과 같은 경쟁자에 밀리고 있다"고 지적했다. 그는 "삼성은 새로운 카테고리(제품·서비스를 통칭하는 것)를 만들고 소비자들의 눈에 오로지 당신의 브랜드만 보이게 하는 전략을 써야 한다"고 주문한다.

1.2 브랜드란?

1) 브랜드의 기원

- 브랜드란 단어는 'burn'을 의미하는 고대 노르웨이 단어인 brandr(불에 달구어지다, 화인하다)에서 유래되었다.
- 가축의 소유주들이 가축의 실종과 도난에 대비해 자신들의 가축에 낙인을 찍어 소유권을 표시한다.

2) 브랜드 수식어

- 개별브랜드를 보조하기 위해 제품이나 서비스에 부착하는 네임이다. 제품이나 서비스의 미세한 특징을 묘사하는 역할을 한다.
- 자동차 브랜드에서는 "Morning Luxury", "Matiz II Diamond"와 같은 수식어가 있다.

3) 브랜드의 개념

- 제품이나 서비스 관련하여 연상되는 시각, 감정, 이성 등의 모든 이미지를 버무려 놓은 것이다.
- 브랜드는 상품이나 서비스를 독특하게 만들고자 하는 무형적·유형적 특징의 모든 것들이다.

- Kristin Zhivago(2005): A brand is not a icon, a slogan, or a mission statement. It is a promise your company keep in every marketing activity, every action, every company decision and every customer interaction.
- 브랜드의 사전적 의미: 상표, 제품의 이름, 품질, 품종 그리고 소유주 등을 표시하는 소인, 각인을 뜻한다.
- 브랜드의 학문적 정의: 판매자의 제품 및 서비스를 다른 경쟁자의 것과 구별하여 표기할 수 있도록 사용하는 언어, 문자, 디자인 혹은 이들의 결합체이다.

4) 브랜드 이미지

- 브랜드 이미지란 소비자의 마음속에 형성된 브랜드와 관련된 감정, 태도, 인상 등이 포함된 복합적 개념이다.
- Keller(1993)는 브랜드 이미지를 소비자들의 기억속에 저장되어 있는 브랜드 연상(brand association)을 토대로 한 브랜드 인식으로 정의한다.
- 브랜드 이미지는 소비자에게 제품과 서비스에 대한 신뢰와 기대감을 갖게 함으로써 구매행위로 이어져 판매에 직접적인 영향을 미치게 된다.
- 기업은 브랜드 네임을 결정하고 포장디자인과 판촉물의 로고타입, 브랜드 심벌, 브랜드 캐릭터, 브랜드 칼라 등 시각요소를 브랜드 이미지에 반영하여 브랜드 아이덴티티를 확립하게 된다.

1.3 브랜드 구성요소에는 어떤 것들이 있나?

1) 브랜드 콘셉트(brand concept)

- 브랜드 콘셉트는 소비자의 마음속에 제품을 포지셔닝하고, 주어진 제품을 같은 카테고리 내의 다른 상표와 차별화해 주는 것이다(Park, Jaworski and MacInnis, 1986).
- 브랜드 콘셉트를 또 기능지향적(function-oriented), 명성지향적(prestige-oriented)으로 구분하기도 한다(Park, Milberg and Lawson, 1991).

  * 기능지향적: 제품 자체의 성격이나 속성을 반영한 브랜드 콘셉트이다.
  * 유명지향적: 브랜드의 상징적 의미, 사회적 지위를 반영한 브랜드 콘셉트이다. 소형승용차인 '모닝'은 기능지향적이고, 고급세단승용차인 K7은 유명지향적인 브랜드 콘셉트라고 할 수 있다.

1.4 브랜드 연상(Brand Association)과 브랜드 이미지(Brand Image)

1) 브랜드 연상

- 브랜드 연상(brand association)은 브랜드와 관련하여 떠오르는 기억을 말한다. Aaker(1991)는 소비자가 브랜드와 연결되는 정도 그리고 브랜드에 대한 경험이 많을수록 브랜드에 대한 연상이 강해진다고 한다.
- 아울러 연상은 다른 연상과 연결될 때 더욱 강력해진다고 주장한다. 예를 들면 신라면 하면 매운 맛이 떠오르게 된다. 롯데월드는 즐겁고 흥분되는 놀이터, 연인과의 데이트, 맛있는 먹거리, 근처의 롯데시네마에서 영화관람 등의 감정과 활동관련 연상으로 연결되어 있다.

❁ Aaker(1991)가 정의하는 연상의 역할

- 첫째, 브랜드 연상은 소비자들에게 제품에 대한 정보를 접근하는 데 도움을 준다.
- 둘째, 브랜드 연상은 다른 브랜드와 차별화시키는 역할을 한다.
- 셋째, 브랜드 연상은 소비자들의 구매결정이나 브랜드 충성도와 관련시킬 수 있다.

2) 브랜드 이미지

(1) 브랜드 이미지

- 브랜드 이미지: Keller(1993)는 소비자 기억속에 남아 있는 브랜드에 대한 인식을 브랜드 이미지라고 정의하고 있다. 브랜드 이미지는 브랜드와 관련된 여러 연상들과 결합되어 나타난다.
- 기업의 입장에서는 자사기업 제품에 대한 여러 연상 중에서 경쟁우위에 있는 상품들만 선별하여 소비자에게 전달함으로써 경쟁브랜드보다 강력한 연상효과를 제공할 수 있게 된다.

(2) 장소브랜드(place brand)는 어디서 얻는가?

- 장소에 대한 정보(information of the place)
- 고객의 경험(on experience)
- 제공된 정보(received information)

(3) 장소이미지(place image)

- 장소에 대한 정보로부터 축적된 장소이미지는 장소 자체와는 다를 수 있다. 왜냐하면 장소이미지는 객관적인 정보에 의해 형성되지만 그 이외에 사람들의 장소에 부여하는 가치, 반응, 기대치에 의해 만들어질 수 있기 때문이다.
- 장소이미지는 장소에 대한 개인적 이미지, 그룹 아이덴티티(identity), 그리고 장소에 대한 정보가 상호 교류되면서 나타난 가치와 감정의 복합체이다.

Oxfam International

www.greenwichmarketlondon.com

옥스팜 인터내셔널(Oxfam International)은 14개 기구의 연합체로서 100여 개국에서 3,000여 개의 제휴 협력사와 함께 구호활동을 하는 단체이다. 좋은 브랜드 이미지를 지니고 있다.

<브랜드 이미지와 브랜드 연상>

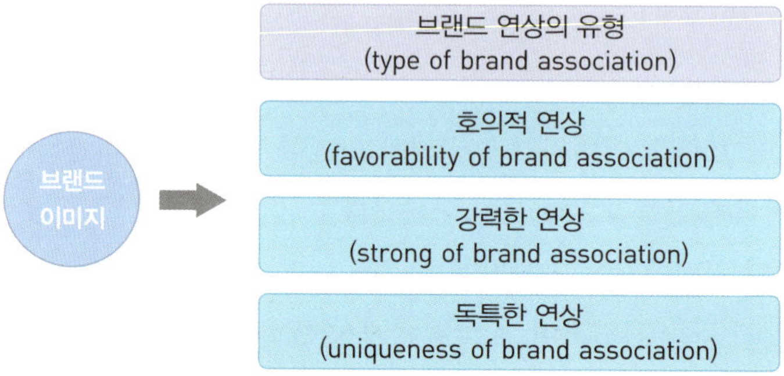

1.5 브랜드 확장(Brand Extension)

1) 브랜드 확장이란?

- 신제품을 시장에 내놓을 때 자사의 기존의 브랜드 명성을 신제품에도 확장시켜 적용하는 방법을 브랜드 확장이라고 한다. 이유재·박찬수(1995)는 P&G가 아이보리 비누의 브랜드를 주방용 세제와 샴푸에 시용하는 것이 브랜드 확장이라고 한다.
- 기존의 브랜드 네임을 기반으로 하여 브랜드 확장을 하는 이유는 기존의 브랜드가 성취해 놓은 소비자의 브랜드 인지도, 충성도 등을 통해 신제품 출시에 따른 마케팅 비용 등을 줄여보자는 전략으로 볼 수 있다.
- 브랜드 자산(brand equity)이 소비자들에게 충분한 호감을 주는 브랜드인 경우 새로운 제품에 대한 광고비나 판촉비를 줄일 수 있고 신제품의 성공 가능성이 커지게 된다.

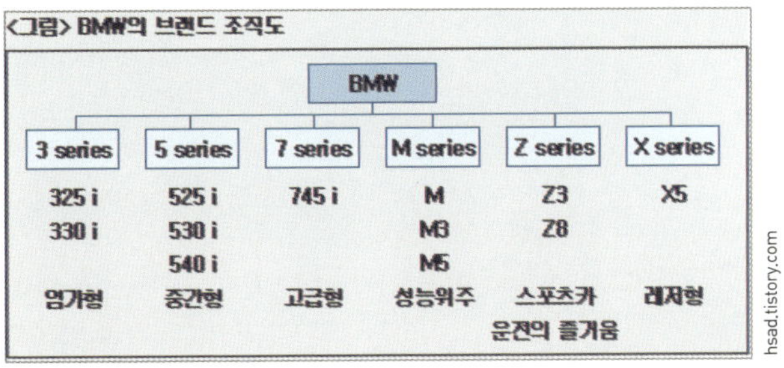

브랜드 확장의 사례

2) 브랜드 확장의 예

- LG화학의 '드봉' 화장품은 '드봉' 브랜드의 명성을 그대로 드봉비누, 드봉치약으로 브랜드를 확장시켰다.
- 오뚜기식품은 마요네즈를 '오뚜기'라는 브랜드로 시작하여 브랜드 명성을 올렸고, 참치, 참기름, 라면 등으로 브랜드를 확장하여 성공을 거두었다.

1.6 브랜드 개성(Brand Personality)

1) 브랜드 개성이란?

- 소비자들은 다른 사람들에게 인격적 특성을 이야기하듯이 브랜드에게도 개성(personality)을 부여한다.
- 브랜드 개성이 소비자에게 주는 연상은 마치 브랜드가 인간인 것처럼 간주하게끔 한다는 것이다.
- 소비자는 무생물인 브랜드에 감정, 사고, 의지 등의 인간적 특성을 부여하고자 하는 의인화 기질이 있다고 한다.
- 소비자들은 무생물인 브랜드와 상호작용, 즉 소비자-브랜드 간의 관계를 잇게 하고자 브랜드에 개성(personality)을 부여한다고 한다.

www.marketingmagazine.co.uk

Benetton: latest campaign focuses on violence against women

- 브랜드 개성은 2가지 관점에서 의미를 지닌다.
  1. 마케터(marketer) 입장에서는 브랜드 개성을 기반으로 경쟁자와 브랜드 차별화가 가능하다.
  2. 소비자 관점에서는 브랜드 개성을 토대로 자아를 표현하고 자아를 정의할 수 있게 된다. 많은 소비자들이 브랜드의 상징을 중요하게 여긴다. 소비자들은 명품백을 메고 다니면서 자기만족을 느끼게 된다는 것이다.

2) 브랜드 개성의 속성

- Aaker(1997)는 브랜드 개성에는 진실함(sincerity), 흥미로움(excitement), 탁월함(competence), 세련됨(sophistication), 거친 활동성(ruggedness)의 다섯 가지가 있다고 주장한다.
- 홀 마크 카드는 진실함, 베네통은 흥미로움, 메르세데스와 Guess는 세련됨, 나이키는 활동적인 개성을 드러낸다.

www.amazon.com

Amazon.com: Hallmark Card Studio 2009 Deluxe

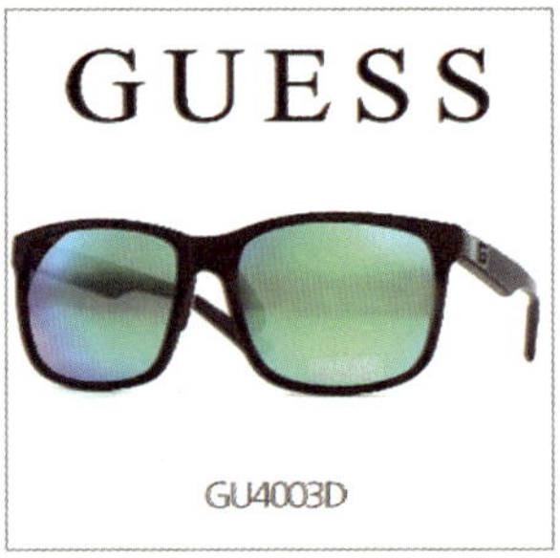

starglasses.godohosting.com

3) 브랜드 이미지와 브랜드 개성의 비교

- 브랜드 이미지는 브랜드 개성을 포함하여 브랜드를 연상하게 하는 속성(attributes), 혜택(benefit), 결과(consequences)를 포함한다. 즉 브랜드 이미지는 소비자 측면에서 브랜드 연상에 관련된 모든 것들을 포함하는 것으로서 소비자의 기억속의 브랜드와 관련한 생각, 느낌, 상상 등을 의미한다.
- 브랜드 개성은 브랜드 연상 속에서 인간의 개성을 브랜드와 연결한 개념이다.

4) 브랜드 개성은 어떻게 만들어지나?

- 브랜드 마케팅믹스를 포함한 브랜드와 관련된 요소가 주는 영향에 의해 브랜드 개성이 만들어진다. 직접적으로는 상품가격, 광고 등 마케팅믹스 측면, 브랜드를 사용하는 소비자 측면, CEO의 경영, 종업원 등 기업측면 등 사람들의 개성이 브랜드에 영향을 미친다.
- 간접적으로는 제품관련 속성, 브랜드 네임, 로고, 광고, 유통기간 등에 의해 브랜드 개성이 영향을 받는다.

1.7 브랜드 네이밍(Brand Naming)

1) 브랜드 네이밍이란?

- 상품의 이름을 짓는 과정을 브랜드 네이밍이라고 한다.
- 브랜드 네이밍을 할 때에는 제품이나 서비스의 이미지를 소비자들에게 가장 잘 인식되도록 네이밍을 해야 한다.

2) 브랜드 네이밍 과정에서 고려할 판단기준은?

(1) 기억하기 쉬울 것

- 브랜드명은 고객이 기억하기 쉬워야 하고 재미가 있어야 한다.

(2) 해당제품·서비스를 암시해 줄 것

- 브랜드가 이미 해당 제품이나 서비스를 암시해 주어야 한다.
- 아기 옷을 만드는 “보라유통”이라는 메이커는 브랜드를 “아가방”이라고 개명하고 나서 매출이 엄청나게 늘어났다.

(3) 부정적인 의미를 포함하지 말 것

- 브랜드의 문자 의미가 부정적인 것은 브랜드에 사용하지 말아야 한다.

(4) 상표법상 등록이 가능할 것

- 모든 브랜드 명은 상표법상 등록이 가능한 것이어야 한다.
- 상표로 등록시켜 자사의 브랜드를 보호하는 일도 브랜드 전략상 중요하다.

(5) 단어의 길이와 발음의 용이성

- 브랜드가 짧으면 기억하기 쉽다. 기억하기 쉽고 발음하기 좋은 글자 수는 3~4자로 알려져 있다.

mlbpark.donga.com

도시브랜드의 사례

slowalk.tistory.com

1.8 브랜드관리 프로세스 (Process of Brand Management)

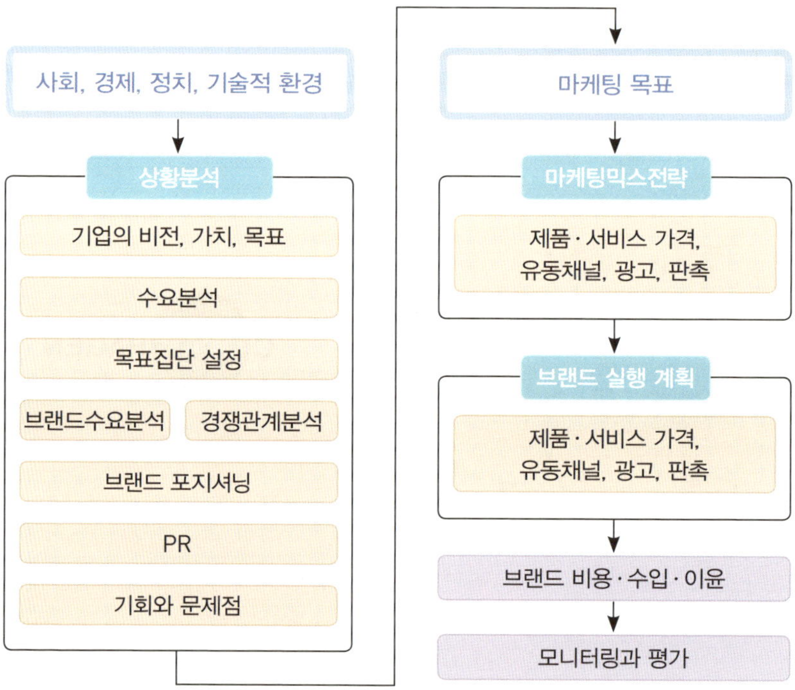

Chapter 02

브랜드 충성도와 디자인

2.1 브랜드 충성도(Brand Royalty)

1) 브랜드 충성도란?

- 브랜드 로열티는 브랜드에 대한 소비자의 충성된 마음을 뜻한다.
- 고객이 변하지 않고 지속적으로 해당 브랜드만 방문하거나 사용하는 성향을 의미한다.
- 소비자와 브랜드 간의 의인화된 장기적인 관계를 의미한다.
- 고객의 브랜드 충성도는 모든 브랜드 매니저의 꿈이자 희망이고, 목표이다.
- 고객들은 새로운 브랜드로의 전환비용(switching cost)이 크다고 생각하면 브랜드를 바꾸려 하지 않는다.
- 마케터들은 브랜드 충성도가 장소브랜드 파워를 구축하는 데 필수불가결한 요소로 보고 브랜드 충성도를 관리하는 데 역점을 두고 있다.

2) 브랜드 충성도의 특징

- 기존고객의 관리비용이 신규고객을 늘리는 비용보다 작기 때문에 마케팅 비용을 줄일 수 있다.
- 기존의 충성도 있는 고객이 잠재고객에게 브랜드에 대한 확신을 심어주게 되어 새로운 고객확보가 가능하다.
- 어느 장소에 대해 충성도가 높은 고객들이 많게 되면 해당 장소가 국가나 도시에서 유리한 입지나 위치를 차지하는 등 장소에 대한 레버리지 효과를

지닌다.

- 충성도 있는 고객들의 장소에 대한 지속적인 방문이나 이용으로 경쟁자의 진입을 방어(entry barrier)할 수 있는 여건이 형성된다.

3) 충성도를 구축하기 위한 전략

(1) 반복구매 고객에 대한 가격할인

(2) 브랜드 충성고객들이 서로 교류할 수 있는 커뮤니케이션 전략

(3) 충성도 있는 고객을 브랜드 창출이나 서비스 제공과정에 참여시키는 전략

m.blog.daum.net

❁ 충성도 높은 고객을 지닌 기업사례

애플에는 마치 종교의 '신도'를 방불케 하는 충성도가 높은 고객이 존재한다. 모든 분야에서 애플 제품만을 원하는 소비자가 있다. 스마트폰과 컴퓨터뿐 아니라 좀더 비싸더라도 이어폰과 마우스, USB 등 부속품도 애플의 제품으로 맞추고 싶어 하는 사람들이다. 나이, 사는 곳, 직업이 다르더라도 애플에 대한 열정 하나로 커뮤니티를 구성하기도 한다(Lindstrom, 2015, Weekly BIZ, 2015.12, 16-17).

pixabay.com

Lindstrom(2015)은 "성공하는 브랜드는 종교적 요소를 가지고 있다"고 설명한다. 그는 "할리 데이비슨, 애플, 헬로키티, 디즈니, 레고 등 이름만으로 소비자를 설레게 하는 브

pixabay.com

랜드를 구매하는 고객들은 단순 소비자라기보다는 철저한 신자에 가깝다"며 "어떤 땐 이성적 사고를 마비시키기까지 하는 브랜딩 전략을 참고할 필요가 있다"고 말했다.

4) 브랜드 파워를 구축하기 힘든 이유

(1) 브랜드 파워

- 브랜드 파워(brand power)는 소비자들이 특정 브랜드에 대해 인식하고 있는 브랜드 명성이다. 브랜드 파워는 현재의 브랜드 가치에 초점을 맞추고 있다
- 브랜드 자산(brand equity)은 브랜드 파워에 의해 실현될 수 있는 미래의 이익을 현재의 화폐가치로 환산한 것이다. 따라서 브랜드 자산은 미래의 현금흐름에 기반하고 있다.
- 브랜드 파워는 브랜드 자산을 구성하는 핵심적 요소이다.

www.thecatcher.co.kr

(2) 강력한 브랜드를 구축하기 어려운 이유

- 시장에서 가격경쟁이 치열해지고 있다. 많은 기업들이 소비자들을 대상으로 한 가격인하, 저가의 서비스상품 개발, 과다한 판매 촉진비 지출 등으로

인하여 기존의 형성된 브랜드 파워에 부정적인 영향을 미치고 있다. 이는 또한 브랜드 자산(미래의 화폐가치)을 만드는 데 장애가 되고 있다.

서울의 새로운 브랜드 'I.SEOUL.U'

- 이명박 서울시장 시절 내놓았던 브랜드가 '하이 서울(Hi Seoul)'이었다.
- 최근에 서울시는 'I.SEOUL.U'를 서울의 새로운 브랜드로 정하였다. 그러나 서울시의 신 브랜드인 'I.SEOUL.U'가 논란의 중심에 서 있다.
- 이 브랜드로는 서울시의 정체성을 분명하게 전달하지 못한다는 불평이 많다.
- 외국인은 물론 내국인들도 무슨 뜻인지 해석이 안 된다고 볼멘 소리를 하고 있다. 서울시 측은 "서울을 중심으로 나와 너가 이어져 있다"라는 뜻으로 설명하고 있다.
- 'Hi Seoul'이란 기존의 브랜드가 브랜드 파워는 약해도 그런대로 자리를 잡아가고 있는데 왜 굳이 예산을 들여 새로운 브랜드를 만들어야 하는지 이해 못하는 시민들도 많다.
- 명사인 서울을 동사로 사용하는 바람에 외국인들에게는 문법에도 안 맞는 '콩글리시'라는 비난에 직면해 있다.
- 곰탕(Bear Tang), 육회(Six Times), 생태찌개(dynamic Stew), 칼국수(knife-cut Noodle)와 같이 엉망 메뉴판을 연상시킨다는 것이다.

2.2 브랜드 디자인(Brand Design)

1) 로고와 심벌

(1) 로고(logo)

- 로고는 그리스어로 언어와 논리라는 뜻의 logos가 어원이다.
- 로고는 브랜드, 상호, 네임을 심벌로 나타내는 글자체이다.
- 로고는 심벌과 로고 타입을 포괄하는 개념이다.
- 로고는 기업마케팅과 브랜드 커뮤니케이션에서 매체로서 활용된다.
- 브랜드 네임은 1가지 언어를 사용하여 브랜드화하기 힘들다.
- 그림이라면 다양한 표현으로 브랜드화가 가능하다. 로고는 브랜드 네임이 갖기 힘든 단순성과 유연성 있기에 유용하게 쓰인다.
- 로고에는 기업의 가치와 경영철학이 반영되어 있다.

play.google.com

fontmeme.com

en.wikipedia.org

loisouteiralbarranha.blogspot.com

- 우수한 디자인으로 된 로고는 소비자에게 친근감을 주고 브랜드 품질 보증서의 역할까지 한다.
- 로고는 기업인지도를 향상시키는 역할을 한다.
- 디자인이 훌륭한 로고는 친숙감, 신뢰감, 충성심을 유발시켜 매출과 마케팅 증진에 기여한다.
- 로고 디자인할 때 가장 중요한 것은 로고가 기업의 특성을 반영할 수 있어야 한다는 것이다. 로고를 본 사람이 감정은 기업가치에 적합한 것이어야 한다
- 예를 들어 디즈니 로고를 본 사람은 행복을 느낀다. 곡선과 글꼴 등은 어린이를 위한 애니매이션을 제작하는 회사에 맞는다.
- 로고의 형태는 다양하다. 로고의 심벌마크를 디자인하거나 인물, 동물, 사물 등을 활용하기도 한다.
- 로고가 탄생되면 그 배경에는 스토리가 따라붙게 마련이다.
- 스타벅스, 나이키 등의 브랜드 로고가 유명해진 것은 로고에 기업의 이념과 가치가 녹아 들어가 있기 때문이다.

(2) 심벌(symbol)

심벌의 어원은 그리스어로 적합하다는 뜻으로 어떠한 의미를 나타내는 형상이다.

- 심벌은 기업이 소비자의 감성에 호소하는 그림패턴으로 된 마크로서 그것이 표상하는 대상과 관련하여 특정한 의미를 전달하게 된다.
- 심벌은 기업의 경영이념이나 경영전략을 시각적으로 상징화한 것이다. 기업의 이미지와 조화되는 심벌은 소비자에서 신뢰감을 주어 브랜드 이미지를 향상시키는 데 도움을 준다.
- 심벌은 브랜드 가치를 보조하고, 브랜드 이미지 창출에 기여한다.

hanok.visitkorea.or.kr

한옥스테이 심벌마크

2) 브랜드 아이덴티티(brand identity)

- 브랜드 아이덴티티는 통합된 마케팅 커뮤니케이션을 활용할 수 있는 마케팅과정에서 중요한 요소이다.

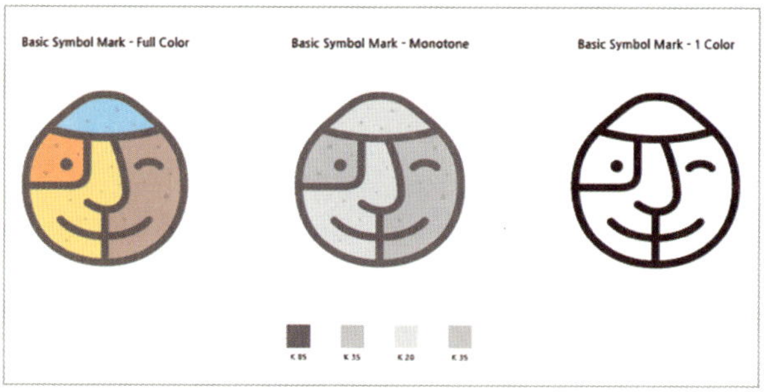

www.ijto.or.kr

제주관광공사 심볼마크

(1) 브랜드의 시각 아이덴티티(brand visual identity: BVI)란?

- 로고와 심벌은 대표적인 시각 아이덴티티이다.
- 장소브랜드의 시각적 아이덴티티는 장소와 공간의 인지도를 높여 줄 수 있다.
- BVI는 상업적 목적 이외에도 인간과 기업, 인간과 사회, 인간과 인간이 상호교류하고 교감하는 매체로 활용된다.

❁ 브랜드 시각 아이덴티티의 종류

* 브랜드 네임(brand name)
* 트레이드마크(trade mark)
* 심벌마크(symbol mark)
* 로고마크(logo mark)
* 지정서체(typography)
* 그래픽 디자인(graphic design)

- 이들은 모두 장소브랜드의 가치와 명성을 인식시키는 시각이미지들이다.
- BVI는 상업적 목적 이외에도 인간과 기업, 인간과 사회, 인간과 인간이 상호교류하고 교감하는 매체로 활용된다.

❁ 트레이드마크(trade mark)란?

- 트레이드마크는 소유권을 위한 표시나 심벌보다는 상품의 특성을 표현한 심벌마크나 또는 소유자의 이름을 사용한 트레이드마크로 구분하고 있다.
- 기업이나 장소에 따라서는 추상적 이미지를 시각화하여 트레이드마크를 예술적으로 만들기도 한다.

itempage.auction.co.kr

구찌 트레이드마크 실버 팔찌

(2) 슬로건이란?

- BVI로서 슬로건(slogan)도 중요한 역할을 한다. 슬로건은 브랜드에 대한 기술적이고 특징적인 이념과 요소 등을 단순하고 짧게 표현하는 것을 의미한다.
- 브랜드 슬로건으로서 애플의 'Think Different'는 고객들의 마음속에 '색다른 제품에 대한 기대감'을 전달해 준다.
- 나이키의 'Just do it', 코카콜라의 '잘 될거야, 친구야, 웃어요', 아웃백 스테이크 하우스의 'No Rules! Just Right', 소니의 'It's Sony' 등은 소비자들에게 호감을 주는 브랜드 슬로건으로 자리매김하고 있다.

www.city21.co.kr

도시의 슬로건

Chapter 03

브랜드 자산관리

3.1 브랜드 자산(Brand Equity)이란?

1) 브랜드 자산의 개념

- Aaker(1990)는 브랜드 자산을 브랜드 이름, 심볼과 관련된 브랜드의 자산과 부채라고 정의하고 있다.

브랜드 자산은 특정 제품과 서비스가 브랜드로 인해 발생되는 마케팅 효과(시장점유율, 수익률, 충성도) 등을 의미한다.

- 브랜드자산은 고객의 브랜드 인지도(brand awareness)와 브랜드 연상(brand association)으로부터 얻어진다.

〈브랜드 자산의 구성요소와 관계〉

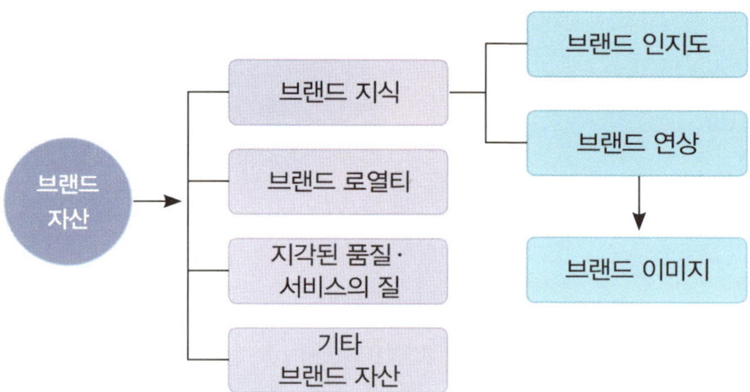

- 에이스침대는 '침대는 가구가 아닙니다. 침대는 과학입니다'라는 창의적인 발상을 통해 강한 브랜드 자산을 쌓아 올려 높은 시장점유율을 차지하게 되었다.

2) Aaker 브랜드 자산모델의 장소에 적용

Aaker(1996)의 자산모델의 브랜드에는 브랜드 인식, 브랜드 충성도, 브랜드 이미지, 인지된 질, 브랜드 연상, 지적재산권이란 5개의 요소가 있다. 장소마케터들은 이 요소를 적극적으로 활용하여 마케팅할 수 있다. 이러한 장소브랜드 요소 하나하나가 브랜드 자산에 기여할 뿐 아니라 장소브랜드 네임과 심벌(symbol)에도 긍정적인 영향을 미친다.

브랜드와 관련된 지적재산권은 장소의 경쟁력을 높이는 수단이 된다. 브랜드의 명성은 장소의 대외적인 신뢰도를 향상시켜 준다. 브랜드의 인지된 질(perceived quality)은 고객만족의 결정적인 요소가 된다.

- 장소브랜드는 회사의 엄브렐라(umbrella) 브랜드와 같아서 장소의 이미지를 각인시켜 주는 효과를 나타내기도 한다. 장소에 대한 긍정적인 인지된 질은 장소 이미지 향상에 기여하여 다른 장소와 차별화되는 경쟁력을 지니게 된다.

3.2 브랜드 자산의 구성요소

- Aaker(1995)는 브랜드 자산을 4가지로 분류하고 있다.

〈브랜드 자산(Brand Equity)〉

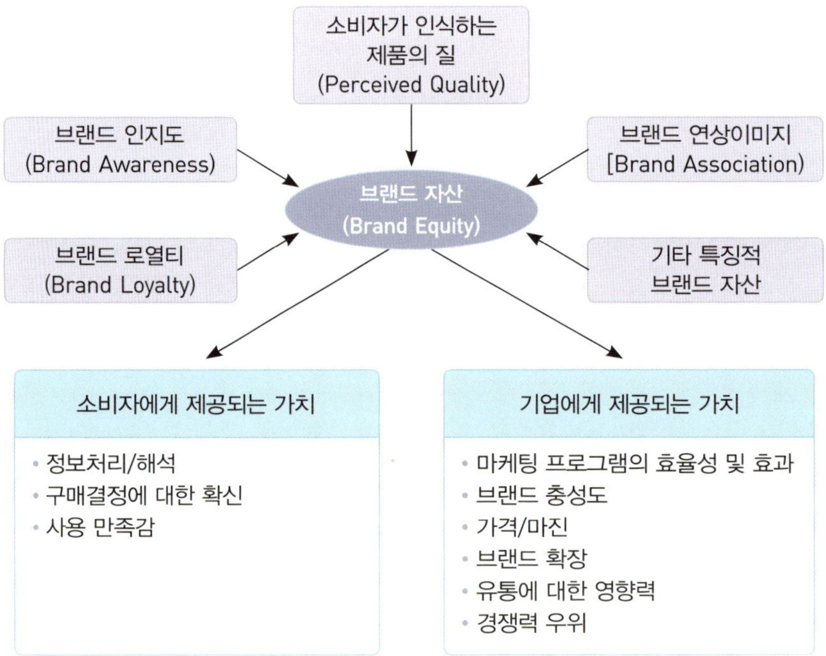

- 브랜드 애호도(brand royalty): 특정 브랜드에 대한 애호도 또는 지속적인 재구매 성향을 말한다.
- 브랜드 인지도(brand awareness): 고객이 특정브랜드를 인식(recognition)하거나 회상(recall)할 수 있는 능력이다.
- 지각된 품질(perceived quality): 고객에게 지각된 특정 브랜드의 품질을 의미한다.
- 브랜드 연상 차별성(brand association differentiation): 고객에게 인식된 다른 브랜드와 차별화되는 브랜드 이미지이다. '맥도날드'는 노란색의 아치, 빅맥 햄버거, 즐거움, 개릭터 등이 연상되어 떠오른다.

3.3 브랜드 인지도와 고객에게 제공하는 가치

1) 브랜드 인지도

- 구매자가 어떤 제품군에 속한 특정브랜드를 알아보게 하는 인식(recognition) 또는 회상(recall)할 수 있는 능력을 의미한다.
- 브랜드 인지도는 해당 브랜드와 관련된 연상이미지를 구축하여 그 브랜드에 대한 친밀감을 형성시키고 이를 제품의 품질과 신뢰성으로 연계시켜 소비자에게 구매고려 상품군으로 작용하게 한다.
- 지각된 품질은 제품이나 서비스에 대해 소비자가 가지고 있는 전반적인 품질이나 우수성에 대한 주관적인 지각을 의미한다.
- 이는 자사 제품이 차별화되고, 소비자들이 제품을 구매하는 이유이다. 브랜드 연상은 특정 브랜드와 연계되어 떠올리게 되는 것으로 해당 브랜드와 제품 군 그리고 주변 단서 등을 연결하여 소비자의 기억 속에 보존시킨다.
- 상표권, 특허권 등 브랜드와 관련된 고유자산들은 소비자와 기업에게 독창적인 가치를 창출시킨다.

2) 브랜드가 소비자에게 제공하는 가치

- 제품과 브랜드에 관한 많은 정보를 해석, 처리, 저장하는 데 도움을 준다.
- 과거의 사용경험이나 브랜드에 대한 친숙함을 통해 구매의사결정에 확신을 심어준다.

- 제품에 관한 지각된 품질이나 브랜드 연상은 제품 사용 만족도를 높여준다.
- 마케팅 활동의 효율과 효과를 높여준다. 브랜드에 친숙하고 지각된 품질에 반응하는 소비자는 신제품 구매 의도나 품질 등에 우호적 태도를 보이게 된다.
- 소비자에게 긍정적이고 친숙한 브랜드는 브랜드 확장 및 라이선싱을 통해 브랜드의 다각화를 용이하게 해 준다.
- 이미지가 좋은 브랜드를 가진 장소는 중간상에게 최적 제품진열, 공간제공 등의 기회를 주게 된다.
- 브랜드 명성 등은 고객에게 장소평가에 대한 긍정적인 영향력을 제공한다.
- 강력한 브랜드 자산은 경쟁자에게 진입장벽으로 작용하여 경쟁우위를 확보할 수 있는 수단을 제공한다(잠재적 경쟁자 차단).

Chapter 04

브랜드 커뮤니케이션 (Brand Communication)

4.1 브랜드 커뮤니케이션 (Brand Communication)이란?

1) 브랜드 커뮤니케이션 프로세스

- 브랜드 커뮤니케이션 프로세스는 브랜드의 아이덴티티를 수립하고 브랜드 포지셔닝을 통해 브랜드의 이미지를 고객에게 각인시키려는 활동을 말한다.

〈브랜드 커뮤니케이션 프로세스〉

2) 브랜드 이미지, 브랜드 충성도, 브랜드 인식은 커뮤니케이션 요소

- 커뮤니케이션 관점에서 보면 브랜드 이미지(brand image), 브랜드 충성도(brand royalty), 브랜드 인식(brand awareness)이 브랜드 자산을 창조적으로 개발하는데 있어서 없어서는 안 될 중요한 요소가 된다.
- 여러 이미지로 구성된 이마고(Imago)는 브랜드 인지도와 브랜드 충성도에 의해 영향을 받는다.
- 장소이미지가 고객이 느끼는 장소이미지에 접목되려면 고유한 장소브랜드 아이덴티티를 재대로 커뮤니케이션해 줄 수 있는 수단이 필요하게 된다.

blog.inpolis.com

www.pinterest.com

Dyrdek Logo 3, Place Branding, Branding Identity

(1) 브랜드 아이덴티티(brand identity)

- 브랜드 아이덴티티: 기업이 목표고객에게 심어주길 원하는 바람직한 연상을 말한다.
- 브랜드 아이덴티티는 소비자에게 제시되어야 할 브랜드의 모습이자 목표, 비전인 것이다.

thompsonbrandpartners.com

(2) 브랜드 포지셔닝(brand positioning)

- 브랜드 포지셔닝은 고객에게 인식시키고 싶은 이미지로 고객의 마음에 자리 매김하는 활동이다.
- 브랜드를 전략적으로 경쟁브랜드와 차별화시켜 어떤 위치를 차지해야 할 것인가를 정하는 것이다.

thompsonbrandpartners.com

(3) 브랜드 이미지(brand image)

- 브랜드 이미지란 소비자들이 브랜드를 어떻게 인식하고 있는가를 형상화한 것이다.
- 즉 소비자들에게 실제로 보여지고 있는 브랜드의 모습이다.
- 브랜드 커뮤니케이션은 브랜드 포지셔닝과 더불어 브랜드 이미지를 형성하는 데 중요한 역할을 한다.

www.pinterest.com

4.2 브랜드 커뮤니케이션 수단

- 브랜드 아이덴티티는 어떠한 커뮤니케이션 채널과 방법을 통해 소비자들에게 전달되는가에 따라 브랜드 이미지의 지각형태와 강도가 달라지기 때문에 중요하다.
- 그러므로 브랜드의 특성, 네임, 심벌, 공간, 광고, 판매촉진, 이벤트, PR 등과 같은 모든 수단을 통합적으로 기획하고 관리하는 커뮤니케이션 과정이 필요하다.
- 커뮤니케이션 수단은 대부분 시각물을 중심으로 이루어지고 있다.
- 매장이나 점포의 연출, 인테리어, 포장, 디스플레이 등을 포함한 공간연출이 브랜드 커뮤니케이션의 핵심적인 수단이 된다.
- 브랜드 이미지를 효과적으로 전달하기 위한 공간 커뮤니케이션의 방법으로 기업 브랜딩, 복합공간, 선도매장, 안테나 숍, 체험관, 소비자 혜택공간의 6가지로 분류할 수 있다

www.10best.com

The Mall at Chestnut Hill

Mongri.net

Time Square LG 3D 체험관에 있는 3D 프로젝터

www.architonic.com

Cappellini flagship store

PART 02
국가브랜드 마케팅

Chapter 05

국가브랜드란 무엇인가?

"국가브랜드는 넓은 의미로 보면 국가의 품격, 즉 '국격'의 다른 표현이라고 할 수 있다."

"국가브랜드가 소중한 것은 해외에서 '대한민국'이라는 브랜드를 보고 우리 국민이나 기업의 제품, 서비스의 가치를 평가하고 있기 때문이다."

"우리나라의 국가브랜드를 제대로 만들어야 하는 이유는 글로벌시장에서 한국을 좋아할 수밖에 없는 나라로 만들기 위해서이다."

5.1 국가브랜드의 배경과 효과

1) 국가브랜드가 나타난 배경

(1) 글로벌시장에서 국가 간 경쟁

- 글로벌화는 국가가 왜 국가가 국가브랜딩을 해야 하는 이유를 제공해주고 있다.
- 경쟁이 치열해진 글로벌시장에서 국가는 이익을 창출할 수 있는 경쟁의 우위 요소가 필요해졌다.
- 글로벌화로 인해 국가들은 글로벌시장에서의 경쟁은 더욱 치열해지고 있다. 글로벌시장에서 경쟁력을 강화하기 위해 활용해야 하는 전략이 바로 브랜딩이다.

(2) 국가브랜드의 차별화 전략 필요

- 국가의 차별화된 포지셔닝이 투자, 비즈니스, 관광을 유치하고 수출시장을 확대시키는 데 국가적 이점을 제공한다(Quelch and Jocz, 2005).
- 대부분의 국가이미지가 정형화되어 있고, 극히 단순화되어 있으며, 부적절한 현실을 표현하고 있다(Kotler and Gertner, 2002).

(3) 국가브랜드를 통한 유무형의 이익창출 필요

- 국가브랜드가 유무형의 이익창출을 위한 수단으로서 작용하기 때문에 전략적으로 개발관리되어야 한다.

2) 국가브랜드의 의의

(1) 국가브랜드는 디자인된 이름, 용어, 기호, 심벌

- 국가브랜드는 다른 국가와 구별하도록 디자인된 이름 및 이에 따른 용어, 기호, 심벌 등이다.
- '국가브랜딩(Nation Branding)'은 마케팅의 제품브랜딩 원리에서 빌려온 개념이다.

(2) 국가 유무형 자산가치에 대한 총체적 인식

- 국가브랜드는 한 국가에 대하여 자국민이나 타국민이 갖고 있는 정서를 포함하는 총체적 인식이라고 할 수 있다.
- 국가브랜드란 사람들이 한 국가에 대해 느끼는 유·무형 가치들을 합쳐 놓은 것이다.

(3) 국가가 제공하는 모든 서비스와 상품에 대한 평가

- 국가브랜드는 그 국가가 제공하는 다양한 서비스와 모든 상품에 대한 평가이다.
- 국가도 '브랜드' 품질을 지니고 있으며, 그것이 전 세계에 알려져 국제무대에서 경제 분야건 문화 또는 정치 분야건 그 나라에 좋게, 혹은 나쁘게도 작용할 수 있다는 개념이다.

www.hanmong.net

한국 국가브랜드

c58.postype.com

국가브랜드 1차 공모전 통과작품

〈제품 · 서비스 브랜딩에서 국가브랜딩까지〉

제품브랜딩 → 기업브랜딩 → 국가브랜딩

자료 : Dinnie(2008).

(4) 국가정책의 요소

- Anholt(2008)는 국가브랜딩은 국가계획, 거버넌스, 경제개발처럼 국가정책의 요소라고 주장한다.

3) 국가브랜드 포지셔닝에 기여

- Dinnie(2009)는 기업브랜드 전략개념들이 국가브랜드 정책에도 적용될 수 있다고 주장한다. 그는 국가브랜드 정책도 국가브랜드 아이덴티티를 정립한 후 이를 토대로 국가브랜드 포지셔닝을 전개하게 된다는 것이다.
- 해외홍보를 위한 국가브랜드를 홍보하기 위해서는 아이덴티티 포지셔닝(positioning)과 이미지 전달자 등이 필요하다고 할 수 있다.
- 여기서 이미지 전달자는 해외홍보 및 국가브랜드 관련정책을 수행하는 거버넌스 체계와 연관된다.

5.2 국가브랜드 구성요소

1) 국가브랜드 요소

- 국가 경쟁력
- 국가브랜드 전략
- 국가 정체성

2) 국가브랜드 추진주체

- 정부
- 문화부서 및 단체
- 관광산업 및 단체
- 기업(수출)

(1) 국가브랜드 이미지 구성요소

❁ 구성요소

- 역사, 언어, 정치체계, 건축, 스포츠, 문학, 예술, 종교, 교육, 시스템, 아이콘, 경관, 음악, 음식, 음료, 민속 등

(2) 국가브랜드 아이덴티티 전달자

❁ 이미지 전달자

- 브랜드 수출품, 스포츠 활동, 해외이주자, 마케팅 커뮤니케이션, 브랜드대사, 문화유산, 정부대외정책, 관광경험, 유명인 등

(3) 국가브랜드 이미지

❁ 이미지 구축대상

- 국내소비자, 해외소비자, 국내기업, 해외기업, 외국인투자자, 정부, 미디어 등

3) 사명

- 국가브랜드는 비즈니스와 투자를 유치하는 데 기여해야 한다.
- 국가브랜드는 관광산업을 육성하는 기반을 만들어 주어야 한다.
- 국가브랜드는 공공외교를 촉진해 줄 수 있어야 한다.
- 국가브랜드는 대외 무역을 증가시켜 수출산업이 활성화되도록 지원해 주어야 한다.
- 국가브랜드는 국가정체성(national identity)을 강화시켜 줄 수 있어야 한다.
- 국가브랜드는 해당국가에 대한 자긍심을 고취시켜 줄 수 있어야 한다.

4) 국가브랜드의 목표

- 브랜드된 수출품의 증가
- 관광산업의 육성
- 투자자의 유치
- 글로벌 경쟁력의 강화
- 부정적인 국가이미지 개선

5) 국가브랜딩 프로그램에서 필요한 가치

- 통합(integration)
- 협조(cooperation)
- 조정(coordination)

6) 국가브랜딩 과정에서 요구되는 전략

- 장기적인 재원
- 정치적 신념
- 이해집단의 추진의지
- 브랜드 정체성(brand identity)에 대한 공감대 형성
- 브랜드 전문가로부터의 자문
- 민관의 협력체계

7) 국가브랜드 포지셔닝(Nation Brand Positioning)

(1) 국가브랜드 포지셔닝이란?

- 브랜드 아이덴티티를 구현하기 위한 전략추진의 첫 단계는 브랜드 포지셔닝이다.
- 포지셔닝은 설득하고 소통하고자 하는 상대의 마음속에 어떤 이미지와 브랜드를 어떻게 자리 잡도록 할 것인가 하는 전략이다.
- 포지셔닝은 목표고객의 마음속에 독특하고 가치 있는 장소를 자리매김하고자 기업의 제품과 서비스 및 이미지를 계획하는 행동'을 의미한다(Kotler, 2003).

〈국가아이덴티티 구축으로부터 국가브랜드 포지셔닝〉

(2) 포지셔닝의 역할

- 포지셔닝은 국가브랜드 정책의 전략과 목표의 내용이 어떠한가, 그리고 이를 어떻게 추진하고자 하는가라는 질문에 대한 해답을 제공한다.
- 국가브랜드 포지셔닝이 제대로 자리잡게 되면 국가브랜드에 대한 의미와 독특성, 경쟁브랜드와의 차별성 등 방문자와 투자가들의 방문이유를 명확히 해주는 역할을 한다.
- 국가브랜드의 경우 매우 다양한 구성요소가 존재하고 있고, 이해 당사자에 대한 관리가 쉽지 않아 브랜드 포지셔닝 자체가 어려울 수 있다.
- 국민과 국외인이라는 다양하고 포괄적인 집단을 대상으로 하므로 신뢰성과 차별화 등의 포지셔닝전략을 수립하기가 쉽지 않다.
- 국가브랜드 포지셔닝의 구조적 한계에 대한 대응책으로 Dinnie(2009)는 '모듈방식'에 의한 포지셔닝을 제안한다. 그는 국가브랜드 구성요소 또는 이해관계자들이 '각각은 독립적'이면서도 '전체적으로는 함께 기능하도록 '디자인된 작은 하부시스템, 즉 '모듈방식'을 도입하게 되면 국가브랜드는 일관성과 체계성을 갖추면서 포지셔닝과 커뮤니케이션 역할을 할 수 있게 된다고 한다.

(3) 국가브랜드 전달자

- 국가브랜드 전달자는 우선적으로 정부부처와 다양한 공공기관과 지방자치단체가 된다.

- 국가의 중앙정부가 국가브랜드 전달자 역할을 주도하지 않으면 성공할 수 없다. 그러므로 정부가 어떻게 계획하고 집행하는가 하는 것이 중요하다.
- 일반국민들과 기업들도 국가브랜드 이미지 전달자의 역할을 해야 한다.
- 국가브랜드나 이미지 전달자에 대한 관리가 쉽지 하지 않은 점이 이슈로 제기되기도 한다.

(4) 국가브랜드 하부시스템

- 국가브랜드 관련 팀과 그룹들은 브랜드 디자인 가이드라인에 따라 실무 작업을 진행한다. 다른 국가브랜드 관련기관들은 자신의 모듈 또는 하부시스템을 만들어 전체적으로 국가브랜드에 통합시키게 된다.
- Dinnie(2009)는 Aaker and Joachimsthaler(2000)의 연구를 토대로 하여 국가브랜드의 계층적 관리를 위한 모듈방식의 포지셔닝을 제안하였다.
- 이러한 묘듈 방식은 대표브랜드와 하위브랜드 간의 브랜드관계 스펙트럼(Brand Relationship Spectrum)이 핵심개념이 된다.
- 구체적인 사례들로서는 스페인의 하위브랜드 조합전략, 뉴질랜드의 브랜드화된 대표브랜드전략, 남아공의 브랜드 아키텍처, 스칸디나비아의 보증브랜드전략, 오스트레일리아의 서브브랜드전략 등을 들 수 있다.

〈상위브랜드와 하위브랜드〉

www.pnudgs.com

m.sisapress.com

상위브랜드

khhan.tistory.com

namu.wiki

하위브랜드

〈브랜드 아키텍처(Brand Architecture)〉

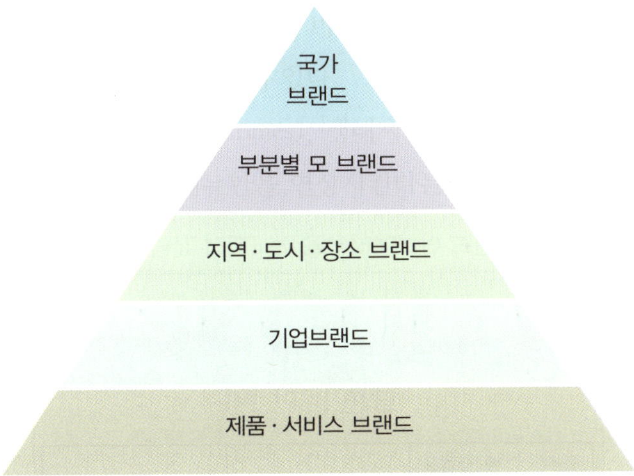

국가브랜드 아이덴티티(Nation Brand Identity)와 이미지의 개념적 모델

1) 국가브랜드 아이덴티티와 이미지의 개념적 모델

❁ 국가브랜딩에서 고려사항

* 아이덴티티 대 이미지
* 아이덴티티와 이미지 간의 차이(gap)
* 국가브랜드 아이덴티티의 다양한 모습
* 기존 국가브랜드의 해체
* 국가브랜드의 포지셔닝

- 국가브랜드는 국가의 다차원적인 아이덴티티와 이미지로 구성되어 있다.
- 나라마다 그 국가의 국가브랜드 목표를 위해 국가브랜드 구성요소를 선택하여 브랜드전략을 수립하고 있다.

〈국가브랜드 아이덴티티와 이미지의 개념적 모델〉

국가브랜드 아이덴티티	구성요소: → 역사, 언어, 지리, 정치체제, 건축, 문학, 스포츠, 예술, 종교, 교육, 시스템, 아이콘, 경관, 음악, 음식
전달매체	브랜드 수출품, 스포츠 업적, 문화유산, 정부외교정책, 관광, 경험, 개성
국가브랜드 이미지	국내고객, 외국고객, 국내기업, 외국기업, 투자자, 정부, 미디어

- 예로서 어느 나라가 성공적인 브랜드 수출품으로 편익을 얻고 있다고 하자. 이 경우에는 국가브랜드 아이덴티티를 수출품에 통합적으로 녹아들여서 외국에 수출한다. 스포츠나 관광에 강한 나라는 스포츠나 관광에 초점을 맞추어 국가 아이덴티티를 정립하게 된다.

2) 국가브랜드 아키텍처 모델

- Dinnie(2009)는 국가브랜드 아키텍처 모델을 제안하였다.
  ① 국가브랜드가 모 브랜드 역할
  ② 그 아래에 관광 수출 외국인 투자유치, 인재유치, 스포츠 등의 국가가 보증하는 보증브랜드가 위치하고 보증브랜드 아래에 독립브랜드가 위치
- 모 브랜드인 국가브랜드와 보증브랜드, 그리고 독립브랜드 간의 끊임없는 피드백과 상호조정과정이 필요하다.
- 모 브랜드인 국가브랜드의 설정, 발전, 재구축 등을 하기 위해 국가보증 브랜드와 독립브랜드 등 서브브랜드의 이해관계자들과 협력체계를 구축한다.

〈국가브랜드 아키텍처 모델(Dinnie)〉

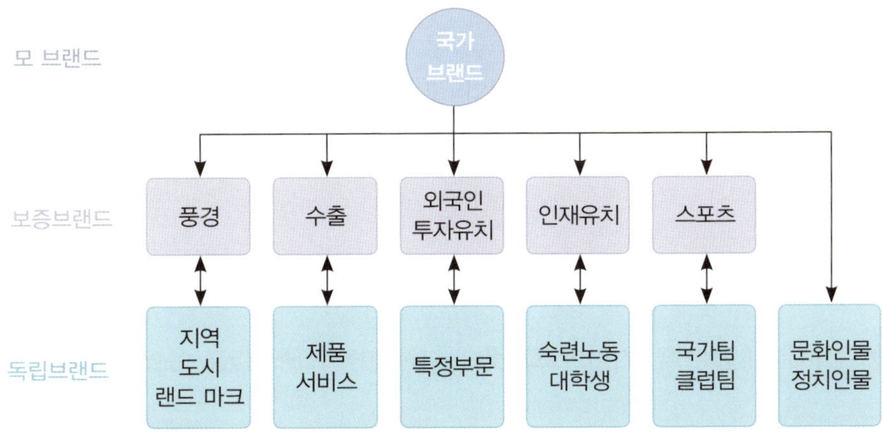

- 통합적인 협력체계 속에서 국가브랜드 비전과 목표 등을 공유하면서 모 브랜드인 국가브랜드와 보증브랜드, 그리고 독립브랜드의 전체 국가브랜드 위계시스템이 작동되는 모델이다.

5.4 왜 국가가 국가브랜딩에 나서는 걸까?

1) 국가브랜드 목표와 효과

(1) 국가브랜드 목표

- 국가들은 3개의 국가브랜드 정책목표를 추구하기 위하여 국가브랜딩에 심혈을 기울이고 있다.

  ① 관광객의 유치

  ② 투자의 유도

  ③ 수출의 장려

- 국가들은 추가적인 국가브랜드 정책목표도 동시에 추구하고 있다

  ① 유학생의 유치

  ② 창조계급(고급기술자, 전문직 등)

(2) 국가브랜딩의 효과

① 국가금융의 안정성(stability) 확보

② 글로벌시장에서의 신용등급 상승

③ 투자자들의 신뢰성 확보

④ 국가경쟁력 순위(ranking)의 상향조정

⑤ 국제정치무대에서 국가의 영향력 확대

⑥ 국제협력체계의 구축

⑦ 국가정체성 확립

2) 국가브랜딩 관련 주요이슈

(1) Aldersey-Williams

- 국가브랜딩이나 국가리브랜딩 작업은 논란의 중심에 있고, 정치지향적인 활동이다.

(2) O'Shaughnessy & Jackson

- 국가이미지는 매우 복잡하고 유동적이라 브랜드 이미지 속에 국가의 아이덴티티를 녹아들이기가 어렵다.

(3) Gilmore

- 국가브랜딩 과정에서는 짧은 기간 내에 졸속으로 의사결정이 내려지곤 한다. 따라서 국가브랜딩에서는 기존에 가지고 있는 국가문화에 대한 가치와 고유성을 보다 정교하게 분석해서 국가브랜드를 탄생시켜야 한다.

(4) Mihailovich

- 국가브랜딩에서 단순한 미시적인 접근방식은 비효율을 초래할 수도 있다. 지속가능한 경제성장과 번영 등과 같은 정책목표는 장기적인 시각에서 클러스터나 그룹 간의 협력체계를 구축함에 따라 국가브랜드가 형성될 수 있다.

(5) Anholt

- 브랜드와 관련된 단어나 어휘들 자체가 냉소와 오만을 자아낼 수 있어서, 특히 정치가들은 브랜드 어휘를 사용하는 데 각별한 유의가 필요하다.

3) 국가브랜드 연구의 변천과정

(1) 국가브랜드 관련 연구

- 국가 아이덴티티national identity)와 원산지국가(country-of origin)라는 2개의 학문분야가 경제글로벌화의 맥락에서 상호 교류하면서 국가브랜딩 연구를 주도해 왔다.
- 두 분야의 학문적 통섭현상은 2002년에 국가브랜드만을 다룬 *Journal of Brand Management*(JBM)의 special issue에서 연구결과들이 집중적으로 발표되면서 나타났다. Philip Kotler, David Gertner, Nicolas Papadopoulos, Louise Heslop와 같은 학자들을 비롯하여 Wally Olins, Fiona Gilmore and Creenagh Lodge 등의 컨설턴트들이 주도가 되어 연구논문이 발표되었다.

4) 국가 아이덴티티와 원산지국가 관련 연구

(1) 국가 아이덴티티 관련 학문분야

정치지리
국제관계
문화인류
사회심리
정치철학
국제법
사회학
역사

(2) 원산지 국가 학문분야

마케팅

소비자행동

광고

촉진경영

브랜드경영

수출마케팅

- JBM의 이러한 주도와 노력은 2004년에 *Place Branding*이란 학회지도 발간하게 되는 단초를 제공하게 된다.

5) 선행연구에서 국가브랜드의 의미와 담론

"사람, 자본 그리고 회사가 점점 더 어디로든 갈 수 있는 여건에서 장소는 이러한 활동과 장소이용자를 끌어들일 수 있는 환경을 조성해야 할 뿐 아니라 기존의 거주자나 방문자들이 만족할 만한 장소를 제공해주지 않으면 안될 상황에 처해 있다(Kavaratzis, 2005, p.329)."

"모든 국가가 브랜드이고, 대부분의 국가가 브랜드를 만들어 왔다. 국가브랜드는 교육, 매스미디어, 여행, 상품 구매, 사람과의 접촉 등에 의해 개발되어 왔다고 할 수 있다(Loo and Davies, 2006, p.198)."

- 장소브랜딩(place branding) 분야에서 보면 도시브랜딩 연구(Hospers, 2003; Stigel and Frimann, 2006)와 지역브랜드 연구(Andersson, 2007; Hall, 1999; Hornskov, 2007; Szondi, 2007; Endzina and Luneva, 2004; Gilmore, 2002; Wetzel, 2006)의 흐름으로 분류된다.

- 관광산업과 관광마케팅 분야에서의 연구는 주로 목적지 마케팅(destination marketing) 연구(Morgan et al., 2004; Therkelsen, 2003)에 초점을 맞추고 있다.

(1) 기술-경제 접근방식(Technical-Economic Approaches)

- 기술-경제 접근방식은 주로 국가브랜딩 관련 학자나 국가브랜딩 실무자에 의해 연구되는데, 그들은 국가브랜딩이 글로벌시장에서 국가의 경쟁력을 강화시키기 위한 전략적 수단으로 보는 기능적인 관점을 채택한다.
- 이 분야의 학자들은 국가이미지의 구축과정은 상품과 기업의 브랜딩과 같다는 논리를 제시한다.
- 브랜딩은 비즈니스 회사의 영역에만 제한된 것이 아니고 국가브랜딩을 포함하는 장소브랜딩에도 적용된다(Skinner and Kubacki, 2007).
- '*Place Branding and Public Diplomacy*'라는 학회지에 발표되는 논문은 주로 기술-경제 접근방식의 입장을 택한다.
- 국가브랜드의 편익은 주로 기업브랜드 마케터들에 의해 홍보되고 알려지는 경우가 많은데, 그들은 정부차원에서의 국가브랜드에 대한 이해가 부족한 약점을 나타내고 있다(Papadopoulos and Heslop, 2002).
- Fan(2009)은 '상품관련(product-related)', '국가레벨(nation level)', '문화적 포커스(cultural focus)'라는 세 가지 유형으로 나누어 개념을 정립한다.

  ① '상품관련'은 원산지별 상품의 이미지를 고려한다(독일의 차, 프랑스 와인).
  ② '국가레벨'은 국가의 보편적인 이미지와 포지셔닝이나 브랜드 자산(brand equity)을 의미한다. 예컨대 일본을 기술발전소(technological powerhouse)로 부른다던가 미국을 민주주의의 상징(beacon of democracy)으로 일컫는 개념이다.
  ③ '문화적 포커스'는 국가의 문화와 국가 아이덴티티와 관련된다.

- 브랜딩을 위한 전략개발과 브랜드 가치를 측정하기 위한 수단은 여러 학자들에 의해 모델이 개발되었다. 이러한 모델 중 대표적인 것이 Anholt가 제

〈Anholt의 6개 차원의 국가브랜드 요소로 구성되는 "national brand hexagon" 모델〉

mg.co.za

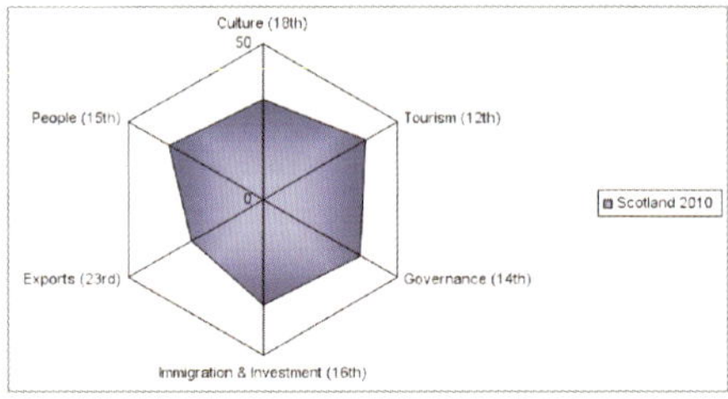

www.gov.scot

안한 관광, 수출, 거버넌스, 투자와 이민, 문화와 유산, 그리고 사람의 6개 차원의 국가브랜드 요소로 구성되는 "national brand hexagon" 모델이다.

- Anholt(2006)는 이 모델을 토대로 국가브랜드의 순위를 분기별로 발표하고 있다.
- Anholt(2006)에 의하면 국가브랜드 관련 연구에는 두 개의 학파가 있는데, 그 하나는 커뮤니케이션 기반(communication-based)학파이고, 나머지 하나는 정책 기반(policy-based)학파라고 한다. 커뮤니케이션 기반접근법은 이론적이고 보편적인 연구결과를 산출하는 데 비해 정책 기반접근법은 구체적이고 현실적인 결과물을 도출한다.

(2) 정치적 접근방식(Political Approaches)

- 정치적 접근방식의 연구에서는 주로 '공공외교(public diplomacy)'에 주안점을 두고 있다.
- Wang(2006)은 공공외교와 관련된 선행연구를 4개의 부문으로 나누어 살핀다.
  ① 매스미디어와 공공외교
  ② 공공외교와 인접학문분야
  ③ 공공외교의 역사적 관점
  ④ 공공외교의 전략과 관리

- 공공외교와 국가브랜딩과의 동질성과 차별성에 관한 연구와 실무에서의 이들 둘의 잠재적인 모아짐(convergence)과 갈라짐(divergence)은 연구가들에게 상당한 지적 호기심을 불러일으키고 있다(Anholt, 2006; Szondi, 2008; Zaharna, 2008).
- 이런 논리에 대해 두 가지 입장이 존재한다. 그 하나는 두 개 사이에는 각각의 특징이 있지만 서로 간에 상호관련성이 높다(Gilboa, 2008; Szondi, 2008)는 것이고 나머지 하나는 두 개는 본질적으로 같지만, 기술-경제 접근방식이 정치적 접근방식으로 흘러들어 왔다고 주장하는 입장이다(Anholt, 2007; van Ham, 2001).
- 공공외교와 국가브랜딩과의 관계에 대한 명확한 합의는 없어도 "국가는 글로벌시장에서 치열하게 경쟁한다" "해당 국가는 국제적 환경에서 국가의 이익을 추구하려고 한다"는 가정을 동시에 제시하고 있다.
- 미국학자들은 미국공공외교에 초점을 맞추어 세계대전과 냉전시대의 선전으로서의 공공외교를 바라본다(Snow and Taylor, 2006; Wang, 2006). 새로운 패러다임 속에서 진행되는 최근의 연구는 중동지역에서의 미국의 관여, 9/11테러와 관련된 공공외교전략 등에 집중하면서 미국의 공공외교의 성공과 실패의 관점에서 비평한다.
- 이와 대조적으로 유럽의 학자들은 공공외교를 국가이미지 전략이나 국가명성관리에 보다 주력한다(Leonard, 2002; van Ham, 2002). Leonard(2002)는 경제·정치·문화 등 국정과제에 대한 의사결정을 위한 전략적 수단으로서의 공공외교에 집중하고 있다.
- 유럽학자들에게 공공외교를 Anholt(2003, 2008)가 개념화한 국가브랜딩과 같은 의미로 해석하는 경향이 있다.
- Peter van Ham(2001)은 국가브랜딩이 모더니즘적 지정학과 권력을 이미지와 영향이라는 포스트모더니즘적 패러다임으로 전환시켜 주는 역할을 하

고 있다고 주장한다. 그는 유럽의 국가브랜드와 이미지(예컨대 그리스 위기 등)가 NATO와 EU(Europe Union)에 영향을 미치는 등 유럽의 정치적 풍경(political landscape)을 조성해주는 역할을 한다고 힘을 준다.

- 특히 Peter van Ham(2001)은 집단적 아이덴티티를 구축해 주는 국가브랜딩이 근대국가주의보다 훨씬 더 위험부담이 적다는 대안적 담론을 제시하고 있다.
- 정치적인 접근방식은 국가브랜딩을 체제선전의 연장된 형태로 또는 국가이미지 관리의 후기 이데올로기적 형태로 보고 있다.

(3) 문화적 접근방식(Cultural Approaches)

- 문화적 접근방식이 기술-경제 접근방식 및 정치적 접근방식과 다른 것은 문화적 접근방식은 문화, 케뮤니케이션, 사회의 비평이론(critical theoy)에 그 사상적 뿌리를 두고 있다는 점이다.
- Skinner and Kubacki(2007)는 문화적 아이덴티티와 장소 브랜딩에 대해 논하면서 국가를 정치적 실체와 문화적 실체의 두 가지로 보고 있다.
- 문화적 접근방식 학자들은 국가 아이덴티티, 문화, 거버넌스와 관련시켜 국가브랜딩에 대한 담론과 비평을 펼치고 있다.
- 문화적 접근방식의 학자들은 국가브랜딩을 지역의 집단적이고 개별적인 정체성 등에 의한 역동적인 분쟁과 협상의 산물로 보고 있는 입장이다.
- Aronczyk(2008)는 국가브랜딩이 특정한 권력집단과 집단적 아이덴티티의 이익을 촉진시키지 않나 하는 시각에서 우려를 나타낸다.
- Jansen(2005)과 같은 학자들은 국가브랜딩을 글로벌 시장근본주의(market fundamentalism) 속의 신 자유주의적 정책과제와 연계해야 함을 강조한다.
- Widler(2007)는 국가브랜딩 과정에서 국민의 광범위한 참여를 제한하고 있다면서, 국민의 다양한 의견을 수렴과정을 거치지 않은 국가브랜드는 가치

가 없다고 일갈한다.

- 불가리아 등 동유럽 국가의 국가브랜딩 과정을 연구한 논문에서는 국가브랜드가 진정한 국가정체성을 반영하지 못하고, 국외, 즉 서유럽 사람들의 편익만 제고한다고 결론 내리고 있다.
- Roy(2007)는 국가브랜딩이 자칫 미국문화가 우수하다는 신 식민주의적 결과를 낳고 있다고 비평을 가한다.
- Iordanova(2007)는 외부지향적인 국가 아이덴티티의 장기적인 영향 중에 하나는 국민들 사이에 분리된 정체성(split identity)을 초래할 수 있다고 경고한다.
- 문화적 접근방식은 기술-경제 접근방식 및 정치적 접근방식에 내재된 철학과 부딪치는 논리적 구조를 지니고 있다.

5.5 한국의 국가브랜드 파워분석

1) SWOT분석

(1) Strength

- ICT 강국으로서 국가이미지
- 세계적인 문화유산의 국가이미지
- 한류문화 중심국
- 창조적이고 발전하는 국가이미지
- 개방적이고 친근한 이미지

(2) Weakness

- 배타성이 강한 나라
- 시민의식이 약한 나라
- 국제사회에 기여도가 부족한 나라
- 국가 정체성 차별적 이미지 미흡
- 국가이미지 제고를 위한 제도적 정책적 기반 미흡
- 국제사회에서 투자환경이나 투명성지표에서 하위에 포지셔닝

(3) Opportunity

- ICT 등 산업성장으로 신경제 선진국 이미지 기대

- 한류를 통한 창의적 국가이미지 기대
- 개방적이고 친근한(Friendly Korea) 국가이미지 기대
- 역동적으로 발전하는 국가이미지 기대

(4) Threat

- 북한의 남한 침공위협과 핵 이슈가 공존
- 사회적 갈등으로 불안정한 국가이미지 존속
- 부정적 국가이미지 상존
- 국가브랜드의 차별성 부재
- 국제사회 기여가 미흡한 국가
- 부정부패, 준법정신, 인권보호, 환경보호 등이 국제 수준에 미달하는 국가

2) 한국 국가브랜드의 현주소

- 국가브랜드는 그 나라의 '얼굴'이다. 한 사람의 얼굴이 그의 인격을 설명해 주듯 국가브랜드는 그 나라의 국가의 품격을 말해준다고 할 수 있다.
- 국가브랜드는 투자유치, 수출 증대, 국제 관광객 유치 능력을 향상시킬 수 있기 때문에 매우 중요하다.
- 세계의 주요 국가들은 그 나라에 걸맞는 각각의 이미지를 가지고 있다. 미국 하면 컴퓨터와 비행기가, 일본 하면 전차와 자동차, 스위스는 시계와 은행, 프랑스는 와인과 향수, 이탈리아는 디자인과 패션이 떠오른다. 이런 이미지가 지금까지 해당 국가를 대표하는 브랜드로 자리를 잡아왔다.
- 한국의 경우 경제는 크게 발전했지만 국가를 대표하는 국가브랜드는 비교적 존재감이 약하다.
- 삼성, LG, 현대와 같은 한국의 브랜드가 세계적인 성공을 거뒀지만 전반적

〈대한민국의 포지셔닝 전략〉

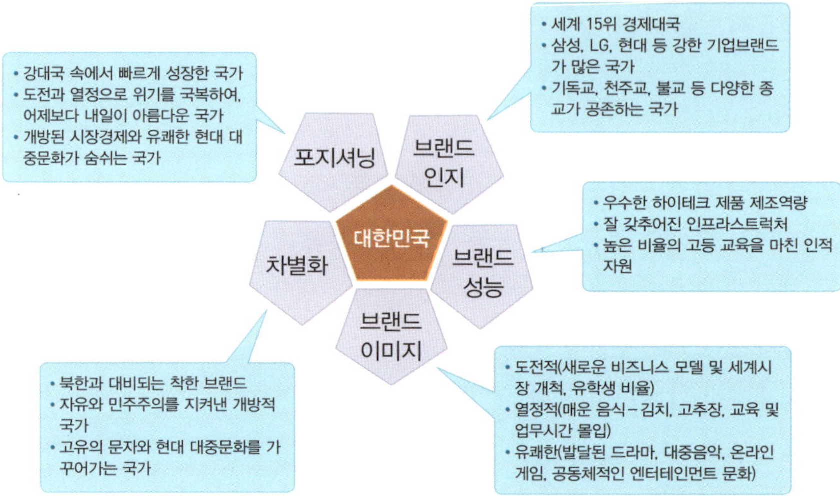

자료: 안지윤(2011), no1times.tistory.com

인 '한국산(Made in Korea)'의 이미지는 그만큼의 명성을 누리지 못하고 있는 것도 사실이다.

- 정치 지도자들이 국가브랜드에 대하여 관심이 없다.
- 안지윤(2011)은 '세계시장으로 통하는 트렌드'에서 "리더십을 보여야 할 대통령 직속 국가브랜드 위원회조차 명확한 브랜드 포지셔닝 포인트를 제시하지 못하고 있다"고 비평한다.
- 월드리서치(2010)의 자료에 따르면, 세계인들은 한국의 이미지로 김치, 불고기 등의 한국 음식과 한복, 한글을 지목하고 한국의 ICT 기술에 긍정적 이미지를 가지고 있는 것으로 나타났다.
- 한국에 대한 세계인들의 이미지는 실제보다 저평가(discount)되는 경향을

보이고 있다. 흔히 한국의 유명 브랜드는 일본의 브랜드인 것으로 잘못 여겨지는 경우도 많이 있다.

- 한국산 상품은 동일한 미국산 제품에 비해 66~67% 가량 저평가되고 있다.
- 한국의 이미지가 저평가되는 이유는 북한과의 대치상황, 정치사회 문제, 한국의 국제사회 낮은 기여도, 관광지 개발의 미흡, 수준이 떨어지는 시민의식 등이 한국의 이미지를 개선하는 데 필요한 요건들이다.
- 우리가 한국의 문화를 아끼고 다문화를 포용하며 세계인들과 소통하게 되면 국가이미지가 저절로 올라가게 된다.
- 글로벌 이슈에 적극적 관심을 보여 국제사회에 참여하는 것 등이 우리가 국가브랜드의 가치를 제고할 수 있는 첩경이 된다.
- 글로벌 시민의식을 향상시키는 것도 중요한 국가브랜드 전략이 된다.
- MICE(Meeting, Incentive, Conference, Exhibition)를 활성화시켜 한국 문화를 세계인들에게 알리고 한국의 이미지를 개선하는 데 도움을 주도록 해야 한다.

3) 국가브랜드의 긍정적 효과

- 국가브랜드란, 국가에 대한 호감도, 신뢰도 등을 총칭하는 개념으로 최근에는 국력의 전통적 요소인 군사력, 경제력보다 국가의 품격, 이미지가 국가브랜드에 많은 영향을 미치고 있는 추세이다.
- 국가브랜드는 국민, 상품, 기업에 대한 평가에 결정적 영향을 끼치므로, 대한민국의 국가브랜드 가치가 상승하면 우리나라 기업과 제품이 세계시장에서 높은 평가를 받을 수 있다.
- 국가브랜드 가치가 상승하면 국민들도 세계인들로부터 존중을 받을 수 있기 때문에 국가브랜드 이미지가 중요해지고 있다.
- 국가브랜드 이미지는 한 국가의 경제적 성장에 지대한 영향을 미치는 것으

로 여겨지고 있다

- 태권도를 널리 알리는 일은 한국의 문화를 대중화하는 좋은 수단이다. 하지만 태권도는 흔히 한국의 무술이라기보다는 아시아의 무술로 여겨진다. 때로는 일반 대중이 원산지에 대해 잘못 알고 있는 경우도 있다.
- 우리나라는 국제원조를 늘려야 할 필요가 있다. 외국에 대한 원조는 국제사회의 존경 받는 일원으로서 명성을 쌓을 수 있는 잠재력이 큰 수단이다. 따라서 외국에 대한 지원과 인도주의적 지원 인력을, 이들을 필요로 하는 지역에 더 많이 파견하는 국가전략은 한국의 국가브랜드를 강화시킬 수 있을 것이다.
- '한류'를 비롯해 국제 인재교류 프로그램(Global Korea Scholarship), 캠퍼스 아시아 프로그램(Campus Asia Program), 외국인과 다문화가정에 대한 대우 개선 등이 한국의 소프트 파워를 강화시키는 데 기여할 수 있는 것들이다.
- 한국은 최첨단 ICT기술 개발을 통해 세계 산업 부문은 물론 우수한 창조계급(creative class)을 끌어들이면서 글로벌 경쟁력을 강화시킬 수 있을 것이다.
- 문화관광산업 활성화도 국가브랜드 전략의 주요 분야다. 예를 들어 영국은 영국문화원에 상당한 자원을 투자하고 있다. 영국문화원은 주로 영어 교육을 통해 영국의 소프트 파워 증진에 없어서는 안 될 역할을 수행한다. 중국정부도 전 세계적으로 공자학원(Confucius Institutes)을 설치하여 문화를 널리 알리는 데 엄청난 투자를 하고 있다.
- 국가브랜드는 국내에서 생산되는 상품이나 용역의 가치 및 경쟁력을 크게 향상시킬 수 있다.
- 브랜드가 떨어지는 기업/국가에서 생산된 제품보다는 국가브랜드가 높은 기업/국가에서 생산된 제품이 더 비싸게 팔릴 수가 있다.
- 브랜드 가치가 높은 기업/국가에서 만들어진 상품일수록 소비자가 신용하

게 되며 고급품이라고 생각하게 된다.

- 국가브랜드는 국가적 차원에서의 그러한 경쟁력 요소를 뜻한다.
- 국가브랜드는 국가의 관광수입 증대에도 영향을 미치게 된다.

4) 문화부문의 해외사례

- 국가브랜드에서 가장 강력한 문화 형태 두 가지가 음식과 음악이다. 모든 나라에 고유의 음식과 음악이 있지만, 이들을 국가브랜드의 잠재력을 최대화하는 일관된 전략으로 발전시킨 나라는 드물다.
- 성공한 예로 태국이 있다. 태국은 '타이 셀렉트(Thai Select)'라는 공인 프로그램으로 음식을 활용해 전반적인 국가브랜드를 향상시키는 전략을 개발했다.
- 말레이시아 정부는 해외에 '정통' 말레이시아 식당을 세워 외국의 대중에게 최고 수준의 정통 말레이시아 음식을 먹을 수 있는 경험을 제공한다.
- 전 세계에 있는 엄청난 한국 식당의 숫자 자체가 세계에서 한국음식의 글로벌 경쟁력이 있다는 반증이기도 하다. 세계인들이 점점 더 한국이란 나라의 요리를 맛보고자 하는 트렌드를 감안하여 한식 명품요리를 만들어 가야 한다.

5) 관민의 협력체계

- 국가브랜드가 안고 있는 가장 큰 도전은 공공 부문과 민간 부문에서 협력을 도모하는 일이다. 공공과 민간 분야 사이뿐 아니라 공공기관 사이, 민간기관 사이의 협조를 최대화하기 위해서는 지속적인 노력이 있어야 한다.
- 이를 통해 다른 나라들이 한국을 관민협력체계의 모범적인 예로 우러러볼 수 있는 혁신적 협력 모델을 만들어야 한다. 한국의 국가브랜드 전략 성공

여부는 국가브랜드에 대해 국민들이 가지고 있는 열정을 계속 유지하고, 새로운 기회에 반응할 수 있도록 전략을 유연하게 구사하는 등에 따라 크게 좌우될 것이다.

〈문화를 통한 국가브랜드 제고 계획과정〉

브랜드 비전	우리 문화 세계화를 통한 문화강국 실현
▲	
브랜드 목표	국가브랜드 가치 10위권 진입
▲	
추진방향	전통문화 콘텐츠의 생활화, 산업화, 세계화
▲	
추진전략	보존 및 연구지원, 범정부 지원체계 구축, 국내 인프라 구축, 선택과 집중(분야별 대표 브랜드 육성), 한류 및 관광사업 연계
▲	
주요분야	한글, 한식, 한복, 한옥, 한지, 한국음악

5.6 우리나라 국가브랜드 가치의 현주소

- 국가이미지를 브랜드로서 마케팅하기 위해서는 중심적 메시지와 이미지가 있어야 한다.
- 국가이미지의 브랜드화에 성공한 국가들은 대부분이 국가이미지와 기업 및 제품이미지를 연계시켜 시너지 효과를 내고 있음을 알 수 있다.
- 국가브랜드 가치를 꾸준히 향상시켜 온 국가들은 중장기적이고도 체계적인 노력을 하고 있음을 알 수 있다.
- 한국은 국제사회에서 투자환경이나 투명성지표에서 하위에 포지셔닝하고 있다.

1) '브랜드 파이낸스(Brand Finance)'의 국가브랜드가치 평가

- 브랜드 파이낸스는 자체적으로 작성한 BSI(Brand Strength Index: 브랜드력 지수)에 각종 관련 통계와 전망치 및 전문가 진단 등을 종합해 국가별 브랜드 가치를 산출하고 있다. BSI는 각국의 투자·관광·생산·인력 등 4가지 분야를 대상으로 투입량과 산출량 등을 평가하는 지수로, 노동인구와 외국인 투자 유치 능력, 삶의 질, 국내총생산(GDP) 성장률 등을 반영하고 있다.
- 브랜드 파이낸스는 한국의 2013년 브랜드 가치는 7,750억 달러로 16위를 차지했다 2010년 국가별 가치 산정이 시작된 이후 2012년 17위를 기록한 것을 제외하고는 줄곧 16위를 유지하고 있다. 그러나 한국의 GDP 대비 브

랜드 가치 비율은 65%(=7,750억 달러÷1조1,980억 달러)로 그다지 높은 편은 아니다.

- 한국이라는 국가의 이미지가 세계 경제 규모 11위에 미치지 못하는 것을 알 수 있다.

2) 2015 문화체육관광부의 국민 통합의 국가브랜드

(1) 국민 통합의 국가브랜드 구축

- 국민의 자긍심을 높이고 하나로 묶는 통합과 신뢰, 공감가치 창출
- 우리의 유·무형 전통문화와 정신문화를 활용하되 기존 브랜드('Imagine your Korea' 등)와의 관계를 고려한 국가브랜드 개발

(2) 통합형 국가·정부 상징체계 구축

- 모든 부처에 통합 적용되는 현대적, 진취적, 역동적 국가상징체계를 개발하여 활용, 일관성과 신뢰감 있는 국가·정부이미지 구축

(3) 아리랑을 대한민국 대표 브랜드로 홍보

- 대표 로고, 이미지 등 BI 개발, 해외 아리랑 홍보관 시범운영, 한국문화원, 세종학당과 연계한 아리랑 문화예술봉사단 운영
- '아리랑 페스티벌'을 개최, 국민 대 통합 및 국민축제화 추진

(4) 2015 밀라노엑스포 성공적 참가, 한식 홍보 강화

- 대규모 국제 이벤트 계기, 음식관광 국제교류 확대 및 한식세계화 홍보 강화
- 균형·발효과학에 기반한 미래음식으로서 한식의 비전을 제시하는 한국관 조성 및 운영

(5) 스포츠를 통한 국가위상 강화

- 국제대회 유치심사 강화 및 성공적 개최 지원, 국가대표 처우개선 및 스포츠과학 지원 확대를 통한 경기력 제고
- 2018 평창동계올림픽 성공개최 준비, 스포츠 시스템의 정상화·선진화 추진

3) WEF(World Economic Forum)의 국가경쟁력 평가

- 다보스포럼이라는 이름으로 더 유명한 WEF(World Economic Forum)는 세계의 저명한 기업인·경제학자·저널리스트·정치인 등이 모여 세계경제에 대해 토론하고 연구하는 국제민간회의이다. WEF에서 매년 각 국가의 생산성, 국민소득 증대능력, 잠재성장 능력, 금융의 윤리성, 기업경영윤리, 정책의 투명성 등을 종합하여 국가경쟁력을 발표하고 있다.
- 2014년 WEF에서 발표한 국가경쟁력 평가에서 우리나라는 144개국 중 26위를 차지했다. 2007년도 11위를 차지한 후 계단 내리막을 걷고 있다.

4) 스위스은행(UBS)의 4차 혁명에 가장 잘 적응할 수 있는 국가 순위

- 스위스은행 UBS는 2016년 1월22일 다보스포럼 개막에 앞서 발표한 백서에서 "증기기관, 전기, 정보통신기술(IT)의 발달에 이은 인공지능의 발달과 이로 인한 산업 재편이 4차 산업혁명"이라는 분석결과를 내놓았다.
- 백서는 4차 산업혁명이 경제에 도움이 되려면 노동시장 유연성이 필수적이라고 진단했다. 이와 관련해 UBS는 노동시장 유연성, 기술 수준, 교육 시스템, 사회간접자본, 법적 보호 등 5가지 요소를 가중 평균해 4차 혁명에 가장 잘 적응할 수 있는 국가 순위를 매겼다.
- 국가순위 평가결과에서 스위스가 1위를 차지했으며 그 뒤를 싱가포르, 네

덜란드, 핀란드, 미국이 이었다. 일본과 대만은 각각 12위와 16위를 차지했으며 한국은 25위를 기록했다. 한국은 노동시장 유연성에서 139개국 가운데 83위로 나타나 다른 4개 요소에 비해 노동 유연성이 크게 떨어지는 것으로 나타났다.

Chapter 06

세계 국가의 국가브랜드 정책

6.1 세계 국가브랜드의 사례

- 2000년대 들어 글로벌경제 속에서 경쟁력을 선점하기 위한 국가별 경쟁이 치열해지고 있다.
- 국가별 경쟁이 심화되면서 국가브랜드를 만들고 이를 관리하는 데 각국이 총력을 기울이고 있다.
- 국가브랜드들이 국민들의 공감과 외국인들의 인정을 받으려면 오랜 시간의 각고의 노력이 있어야 한다.
- 세계 국가들은 저마다 처한 역사·문화적, 경제적, 정치적 특수성과 역량에 따라 국가브랜드 육성과 관리에 최대한의 노력을 경주하고 있다.
- 영국, 프랑스, 미국은 세계 정치경제의 중심역할, 문화적 배경, 다양한 관광산업 등으로 국가브랜드 이미지가 구축되었다.
- 스페인, 아일랜드, 크로아티아의 국가브랜드를 통한 성공적인 국가선진화의 예에서 보듯이 국가브랜드는 단기간에 만들어질 수 있고, 아울러 국가가 부강해지는 견인차적인 기능을 할 수 있다는 것을 보여주고 있다.

❁ 강한 국가브랜드의 예

- 미국: "강한 미국" 또는 "Made in USA"
- 영국: "전통과 고급스러움"
- 프랑스: "문화적 삶과 우아함"
- 독일: "견고한 품질과 신뢰성"

- 스위스: "정밀성과 믿음"
- 일본: "소형화와 ICT 기능"

Nation-brand positioning platforms

Nation-brand	Positioning platform
South Africa	"Alive with possibility"
Bolivia	"The authentic still exists"
Scotland	"The best small country in the world"
India	"India Shining"
Thailand	"Amazing Thailand"
Malaysia	"Truly Asia"

www.slideshare.net

www.linkedin.com

m.blog.naver.com

브랜드 파이낸스가 발표한 국가브랜드 가치 순위

1) 독일

- 1999년에 독일TV네트워크가 브랜드 컨설턴트인 Wolff Olins에게 독일의 국가브랜드를 창조해달라고 의뢰한다. 이런 캠페인적 성격이 강한 국가브랜드 의뢰는 독일이 창조, 재미, 놀람이 없는 '기계적 완벽주의(mechanical perfection)'라는 세간의 인식을 불식시키기 위한 이유가 숨어 있었다.
- 독일은 폭스바겐과 벤츠와 같이 우수한 엔지니어링 역량을 과시하기는 하지만 독일의 이미지는 차갑고 이지적인 측면을 가지고 있다는 것이다.
- Wolff Olins 팀은 독일이 유럽의 경제동력(dynamo of Europe)임에도 사람들에게 역사적으로 세계대전의 주역이라는 부정적이고 호전적인 이미지가 심어져 있다고 분석한다.
- Wolff Olins 팀은 독일 국가브랜딩 작업을 하기 위한 6개의 단계를 제안하게 된다.

  ① 독일수상 직속의 국가브랜딩 추진위원회의 설립
  ② 추진위원회에 보고와 발표업무를 주관하는 연구개발팀의 구성
  ③ 산업체, 기업체, 교육, 미디어, 문화, 예술 등 분야의 지도자급 대표들의 의견수렴
  ④ 독일에 대한 외국인(기업인, 정치인, 문화인 등)의 인식조사 및 연구
  ⑤ 어디에 어떻게 국가브랜드가 활용될 것인지 심도 있는 연구와 분석
  ⑥ 국가브랜딩 추진위원회에서 최종 채택한 국가브랜드 프로그램에 대한 집행

www.s-f.com

- 다소 모호한 슬로건을 사용하고 있는 독일은 국가브랜드와 함께 해외투자 유도를 위한 'Deutschland-Land der Ideen(아이디어의 나라 독일)'과 정계·산업계·학계의 협력을 위한 'Patner fur Innovation(혁신을 위한 파트너)'라는 캠페인을 동시에 진행하고 있다. 이외에도 독일에는 'Du bist Deutschland(당신이 독일이다)'라는 브랜드가 있다.

2) 스코틀랜드

- 스코틀랜드에서는 1994년에 스코틀랜드 국가브랜드 부서가 설립되어 관광, 문화, 교역을 촉진시키기 위한 강한 국가브랜드 만들기 운동을 펼쳐나간다. 그 결과 1994년 말에 스코틀랜드 브랜드가 설립되었다.
- 국가 국가브랜드 만들기를 본격화한 배경에는 '스코틀랜드에는 스코틀랜드만이 가지는 독특한 브랜드 가치들이 존재한다'는 신념이 있었다.
- 스코틀랜드 비즈니스의 마케팅 전략을 활용하여 국제 및 국내에서 스코틀랜드의 우수성을 본격적으로 촉진하기 시작하였다.

❁ 스코틀랜드 마케팅 목표

① 방문의 장소(a place to visit)
② 배우는 장소(a place to study)
③ 투자하는 장소(a place to invest)
④ 지식을 얻는 장소(a place to source knowledge from)

- 국가브랜드 슬로건을 '스마트하고 성공적인 스코틀랜드(A Smart, Successful Scotland)'로 정하였다.

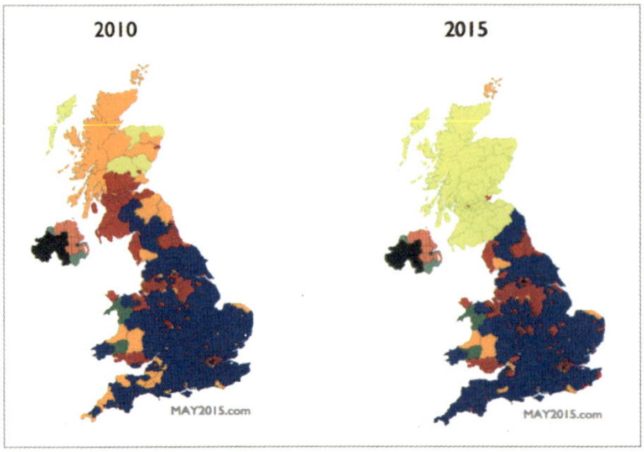

www.may2015.com

Politically, the UK is now five nations | May2015: 2015 Scotland is set to be painted in SNP yellow

www.gilbertrugbyblog.com

- 목표를 달성하기 위하여 국가브랜드 부서에서는 스코틀랜드성(Scottishness)을 기반으로 하는 브랜드 자산을 찾기 위한 대형 국제연구프로젝트를 착수하였다. 이 연구에서는 국내뿐만 아니라 영국, 프랑스, 독일, 스페인, 일본, 미국 등과 같은 수출 대상 국가들을 상대로 정보를 수집하고 자료를 분석하였다.
- 연구결과는 스코틀랜드 경쟁적 우위를 차지하기 위한 정책과 스코틀랜드의 상품, 서비스, 시설에 대한 설득력 있는 마케팅 전략을 세우는 데 활용되었다. 이 연구로 2002~2004년에 걸친 이벤트와 촉진 계획을 수립할 수 있었다.
- 이 연구는 스코틀랜드의 정신, 통합, 끈기, 창조성 등을 촉진시키고 홍보하는 플랫폼을 만들어 주는 데 일조하게 된다.

3) 영국

- 강한 국가브랜드의 대표적인 나라는 영국이다. 2012년 런던올림픽을 계기로 국가브랜드 슬로건 'GREAT Britain' 캠페인을 시작했다.
- 과거의 영광을 상징하는 이 표현을 창의적·혁신적이라는 이미지와 결합해 현대적으로 재해석한 것이다. 'GREAT'는 영국의 문화유산, 지식, 제품과 서비스, 투자와 관광 등 다양한 영역을 아우른다.

www.pinterest.com

www.designnation.co.uk

Design-Nation: promoting British design internationally

4) 뉴질랜드

- 뉴질랜드의 국가브랜드는 뉴질랜드의 '청정함'을 기반으로 하여 탄생되었다. 뉴질랜드는 지난 1998년 '100% 퓨어 뉴질랜드(100% Pure New Zealand)'라는 국가브랜드 슬로건을 발표했다.
- '100% 퓨어'는 뉴질랜드의 순수자연을 기본으로 한 것으로 이후 '100% 퓨어 로맨스(100% Pure Romance)' '100% 퓨어 어드벤처(100% Pure Adventure)' 등과 같은 다양한 변용이 이뤄졌다. 2003년에는 미래산업 육성을 위한 '뉴

www.stuff.co.nz

www.aliexpress.com

pure New Zealand wool blanket

싱킹 뉴질랜드(New Thinking New Zealand)'라는 두 번째 슬로건도 나왔다.

- 뉴질랜드도 1980년대 이후 '뉴질랜드-더 베스트, 내추럴리(New Zealand-the best, naturally)' 등의 캠페인을 시도했다.

5) 캐나다

- 캐나다는 2007년 역동적 이미지를 강조한 'Canada, Keep Exploring' 슬로건을 제시하며 관광객 유치에 성공했다.

Canada keep exploring™

chattilandia.wordpress.com

Canada country brand logo

imagine.cmec.ca

6) 일본

- 일본은 '제품'과 '기술' 중심의 국가이미지에서 '문화'에 비중을 더 많이 주기 위해 노력을 기울였다. 이에 따라 문화를 전면에 내세워 2010년 'Cool Japan'을 만들었다.

www.citymayors.com

7) 프랑스

- 프랑스의 'Rendez vous en France(프랑스에서 만나요)'

www.pinterest.com

8) 싱가포르

- 싱가포르의 'Your Singapore' 등이 있다.

citybranding.typepad.com

9) 스페인

- 20세기 들어와서 국가브랜드를 혁신적으로 창조한 나라는 스페인이라고 할 수 있다.

www.pinterest.com

10) 아일랜드

- 유럽의 주변국이었던 아일랜드 역시 IT 발전을 통해 선진국대열에 끼게 되었다.

www.pinterest.com

6.2 기업브랜드와 연계한 국가브랜드

1) 국가상품과 국가브랜드의 영향력

- 국가가 상품 및 서비스브랜드에 대해 미치는 영향력이 실로 크다.
- 김휘석(2002)은 '코카콜라', '리바이스', '나이키', '펩시'가 미국산이란 사실 자체가 이들의 성공을 결정하는 핵심요인으로 작용하였다고 볼 수 있다.

Levi's®

rahlegal.in

NIKE JUST DO IT.

www.theinstargroup.com

- 자동차 브랜드는 소비자가 느끼는 상품의 이미지에서 생산지와 곧바로 연결된다. 벤츠는 독일, 재규어는 영국, 페라리는 이탈리아 브랜드라는 인식이 소비자에게 각인되어 있다.

www.automania.be

2) 한국의 국가브랜드는 핵심적 이미지가 약하다

- 한국에는 캐나다의 '단풍잎', 뉴질랜드의 '코알라'와 같이 국가를 상징할 수 있는 동식물 매체를 연결하지 못하고 있다.
- 한국에는 미국의 맥도날드, 코카콜라 등과 같은 대표적인 기업 및 상품브랜드가 부족하다.
- 한국에 대한 핵심적 이미지가 없다.
- 국가이미지가 기업 및 상품·서비스 이미지와 연계되지 못하고 있다.
- 한국전쟁, 북한의 위협, 강성노조, 반정부 시위 등의 부정적인 이미지가 여전히 남아 있다.
- 국가이미지에 대한 연구가 부족하다.

6.3 고객관계관리 (Customer Relationship Management: CRM)

1) 고객관계관리(CRM)

(1) CRM이란?

- 국가나 도시에서 방문자나 투자자들을 고객으로 만들고, 이를 장기간 유지하고자 하는 경영방식이다.
- 국가들이 고객과의 관계를 관리, 고객 확보, 그리고 고객, 판매인, 협력자와 내부 정보를 분석하고 저장하는 데 사용하는 분야를 아우르는 방법이다.

〈CRM(Customer Relation Management)〉

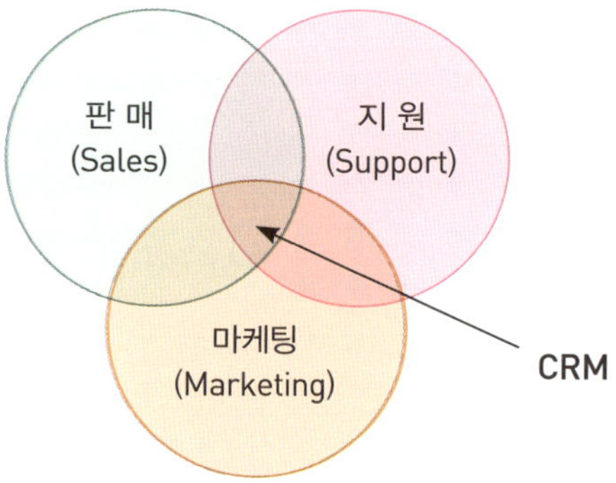

(2) CRM이 왜 필요한가?

- 국가, 도시, 방문자, 투자자, 관광객 등과의 지속적인 관계를 구축하기 위한 고객관리
- 해당 국가의 제품이나 서비스를 구매하도록 하는 마케팅전략
- 국가, 도시, 관광객 등 고객의 개별적 특성에 따른 관리
- 국가, 도시, 관광객 등 개별적인 고객에 대한 1:1 마케팅/서비스
- 정보기술에 의한 관리
- 데이터베이스를 이용하여, 고객의 정보를 관리
- 국가적 차원에서의 관리

(3) CRM 대상 고객 분류

- 거시적인 측면에서 자국민, 국가교역상대, 국가상품과 서비스를 구입하는 외국인 고객, 국제기구, 정치경제 동맹국, 관광객, 투자자 등을 국가고객

〈CRM 구성요소 간의 관계〉

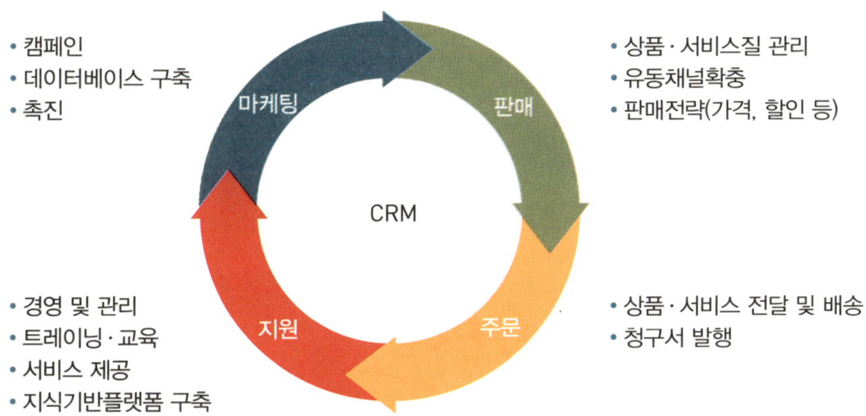

포트폴리오에 담는다.

- 그룹들을 더욱 분류하면 보다 차별화된 세분시장이 된다. 국민들 계층별로 정부를 상대로 서로 다른 가치와 정보를 요구하게 된다.

2) Knowsley 도시의회(Merseyside 도시지역)의 CRM 사례

- 영국 북서쪽에 위치한 Merseyside 도시지역의 Knowsley시에는 비교적 젊은 층의 인구 150,000명이 거주하고 있다. Knowsley는 CRM 프로그램을 시행하게 되는데, 시정부의 9개 부서에서 시민들을 위한 1,000개의 서비스를 개발(기존 서비스 포함)하여 제공하였다.
- CRM을 활용하여 도시서비스 전달의 효율성과 일관성을 확보하게 되었고, 시민들이 요구하는 서비스를 적재적소에 공급해 줄 수 있게 된 것이다.
- CRM으로 인해 시민들의 서비스 니즈(needs)에 대한 트렌드도 알 수 있게 되고, 군집분석을 통해 군집별 서비스 요구사항도 파악할 수 있게 되었다.
- CRM 전략으로 인해 시정부는 250,000파운드의 예산을 절약할 수 있게 되었다.

6.4 국가브랜드 자산모델 (Nation-Brand Equity Model: NBEQ)

- 국가브랜드 자산모델에는 유형과 무형, 내부와 외부로 나누어 국가의 자산을 구분한다.
- 내부자산(internal assets)에는 국내의 지형, 경관, 상징(iconography)과 같은 토착적(innate) 자산을 의미한다 토착적 자산에는 내부의 정책이나 예술지원 등과 같이 육성된(nurtured) 자산도 있다.
- 외부자산(external assets)에는 국가이미지 인식과 문화에 대한 외부인의 시각과 같은 인식된(vicarious) 자산 또는 브랜드 앰베서더나 디아스포라(해외로 이주한 자국민)와 같은 전파자(disseminated) 자산이 있다.

1) 내부자산(Internal Assets)

- 내부자산 속의 토착적(innate) 자산은 국가 아이덴티티를 구성하는 국가의 본질적인 요소로서 국가브랜드 자산을 형성해 주는 것들이다. 토착자산에는 국내의 지형, 경관, 상징(iconography) 등이 있다.
- 내부자산 속의 육성된(nurtured) 자산은 지속가능한 환경과 같이 조성된 국가자산을 뜻한다. 또한 내부의 정책이나 예술지원 등을 의미한다.

(1) 토착적(innate) 자산

1. 상징(iconography)과 아이콘(icon)

- 지형, 경관, 상징(iconography)과 같은 토착자산은 한 국가를 다른 국가와 차별화시키는 데 없어서는 안 될 필수적인 요소들이다.
- 국가상징에는 시각적 이미지, 심벌 등이 있다. 국기는 대표적인 국가상징으로 볼 수 있다.
- 아이콘(icon)은 현대적 의미의 상징성을 표현해 주는데, 예로서 넬슨 만델라(Nelson Mandela)와 같은 인물은 남아프리카의 아이콘으로, 아크로폴리스는 그리스의 아이콘으로, 위스키는 스코틀랜드의 아이콘으로 각각 간주된다.
- 토착적 자산은 그 특성상 다른 나라에서 모방할 수 없는 해당 국가의 고유한 속성이다.

abcnews.go.com

www.artnet.com

아크로폴리스

2. 경관(Landscape)

- 도시를 포함하는 경관 또는 풍경은 고객들에게 해당 국가의 태생적인 고유한 모습을 판단하는 데 커다란 도움을 주게 된다. 비록 경제적으로 낙후된 나라일지라도 그 국가를 대표하는 강력한 자산을 가지고 있을 수도 있다.

www.visitscotland.com

www.roughguides.com

Salt flats of Bolivia

- 형형색색의 작은 늪, 기괴한 바위, 화산분화구를 가진 볼리비아(Bolivia)의 Uyuni Salt Flats은 볼리비아의 소중한 국가브랜드 자산이 되고 있다.
- 네팔 역시 경제적으로는 후진성을 면치 못하고 있지만 으뜸이 되는 자연 경관(정글에서 히말라야까지)으로 인해 우수한 국가이미지를 보여주고 있다.

3. 문화(Culture)

- 문화는 한 국가의 국가 아이덴티티로서의 고유하고 진정한 면모를 나타내준다. 이런 문화자산은 마케터(marketer)에 의해 인위적으로 만들어진 것이 아닌 국가의 본래의 모습을 보여주는 자산이다.
- 러시아는 외국인에게 러시아 국가브랜드에 대한 긍정적인 이미지를 심어주기 위하여 외국의 러시아문화센터를 현대화하는 작업에 공을 들이고 있다.
- 재정 형편이 여유롭지 못한 신흥국 등과 같은 나라에서도 음악, 필름, 문

www.slideshare.net

yourincheon.tistory.com

학, 예술, 음식, 드링크류 등의 국가브랜드 자산으로 보다 매력적이고 아름다운 나라로 부각시키려고 노력하고 있다.

- 최근에 부상하고 있는 에코관광(eco-tourism)은 과거부터 내려오는 전통적 문화자산을 토대로 지속가능한 개발패러다임을 접목시킨 국가브랜드 강화 전략으로 볼 수 있다.

(2) 육성된(nurtured) 자산

- 자국인들이 국가브랜드 이미지에 내재된 특유의 고유성을 인식하지 못한다면 외국인들에게 제대로 된 브랜드 자산을 알려주지 못하게 된다. 이 경우 종종 외국인들로부터 '외부에 투영된 국가의 이미지와 현실적인 이미지가 차이가 난다'는 불평을 들을 수도 있다.
- 공공과 민간부문에서 외국인들에게 보여주는 국가브랜드에 대한 국민들의 일치된 합의(견해)가 매우 중요한 의미를 지닌다.
- 대만(Taiwan)에서는 미래 국가브랜드를 설정하기 위하여 각계각층의 국민들을 초대하여 국가의 아이코닉 이미지 대안들을 제시하면서 온라인 투표방식으로 국가브랜드를 선택하게 하였다.
- 육성된 자산의 또 다른 예는 예술에 대한 국가의 지원시스템이다. 국민의 문화생활을 위해 정부에서 재정 및 인프라를 지원하는 일이다. 민간부문으로부터 재정지원을 받기도 하지만 종종 비즈니스와 문화의 결합은 예상치 못한 불협화음을 일으킬 수도 있다.
- '국가브랜드'란 단어 자체가 특정인들의 이익만을 대변하기 때문에 '국가브랜드가 수많은 대중들로부터 떨어져 있다'고 있다고 비평하는 사람들도 있다.
- 자국 문화에 대한 이해와 의식이 부족된 일부 비지니스인들은, 문화 자체에 대해 '사치스럽다', '우리와는 어울리지 않다'라는 개념을 지니고 있다.

brandingsource.blogspot.com

• 브랜드자산에서 충성도(royalty)는 중요한 요소가 되기 때문에 내국인, 교역파트너, 외국소비자, 방문자, 서비스, 국제기구, 정당, 여행자, 외국인 투자자들에게 지속적으로 충성도를 높일 수 있는 방안을 모색해야 한다.

2) 외부자산(External Assets)

• 외부자산(External Assets)은 개인적으로 직접적인 만남 등에 의한 것보다 부수적(2차적)으로 경험하여 얻어지는 인식(vicarious), 또는 외국에서 국가브랜드에 대한 명시적인 평가에 등에 의해 얻어지는 전파된(disseminated) 자산을 포함한다.

(1) 인식된(vicarious) 자산

• 국가에 대한 이미지가 항상 현실과 일치하는 것은 아니다. 국가브랜드 자산에 대해 악영향이 미치지 않도록 관리전략이 필요한 이유이다.

• 높은 범죄율, 정부의 부패 등과 같은 부정적인 이미지도 국가브랜드 이미지에 대한 척도가 된다.

• 따라서 국가의 이미지 인식(perception)에 대한 모니터링과 평가가 지속적으로 이루어져야 한다.

• 국가가 한 정책방향의 브랜드 이미지로 나아가게 되면 다른 정책이나 전략으로 확대되는 가능성을 차단시키게 된다. 이집트는 비즈니스 목적지로서

보다는 관광으로만 국가브랜드 자산을 구축하기 때문에 경제발전이 더딜 수밖에 없다.

- Stephen Brown는 "브라질엔 카니발 이외에도 더 소중한 브랜드 자산이 많다"는 지적을 하고 있다. 예컨대 브라질의 IT 부문이 상당한 수준인데 브라질정부가 이를 제대로 홍보하지 못하고 있다.
- 역사적 사실에 근거했는가에 대한 논란이 일고 있는 스코틀랜드의 영화 'Braveheart'가 스코틀랜드의 국가적 브랜드를 크게 향상시킨 예도 있다.

ko.wikipedia.org

리우 카니발

skipfilm.com

(2) 전파자(disseminated) 자산

1. 브랜드 대사의 활용

- 재정적 제약으로 광범위한 국가브랜드 캠페인을 할 입장이 못 되면 대안으로서 브랜드 대사(ambassador) 네트워크를 활용하는 방안도 있다. 스코틀랜드에서는 국제적으로 명성 있는 Colin Montgomerie 프로골퍼를 브랜드 대사로 임명하

www.golfswingbasicssite.org

Golfer, Colin Montgomerie

www.williamgrant.com

www.sportskeeda.com

Roger Federer

www.hankookilbo.com

크리스티아누 호날두(레알 마드리드)

여 국가브랜드 향상에 기여하도록 하고 있다.

- 스코틀랜드의 스카치 회사인 William Grant & Sons는 그들 회사의 이익을 위해 스카치브랜드 대사를 고용하고 있다.
- 국가브랜드 대사는 국가의 긍정적 아이덴티티를 충분히 발휘할 수 있는 인물이 선정되어야 한다. 스포츠 선수들은 자국의 브랜드를 세계에 홍보하는 대사의 역할을 해낸다.
- Roger Federer라는 스위스의 테니스 선수는 스위스 국가브랜드 대사로, 호날두 축구선수는 포르투갈을 대표하는 브랜드 대사로 각각 활동하고 있는 셈이다.

2. 디아스포라 네트워크

- 해외 거주 자국민인 들 역시 국가브랜드 대사 역할을 할 수 있다.
- Leautier(2006)는 "디아스포라 네트워크는 자국의 정책, 기술, 경영전문성, 국내상황과 환경 등을 외국에 알려주는 소중한 국가브랜드 자산이 된다"고 한다.
- 중국계 디아스포라들은 모국인 중국에 외국인 투자의 70%에 달하는 외국직접투자(FDI : Foreign Direct Investment)라는 성과를 올리고 있다.
- 하이티(Haiti)와 요르단(Jordan)은 GDP의 20%에 해당하는 금액을 디아스포라에서 받고 있다.

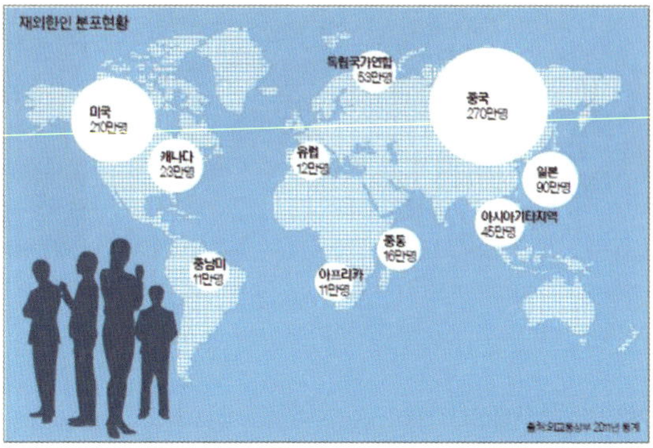

www.kukey.com

'디아스포라'는 팔레스타인 밖에 살면서 유대교적 종교규범과 생활관습을 유지해온 '이산(離散)유대인', '유대인 이산의 땅'을 가리키는 말이다. 코리안 디아스포라에 대한 재조명이 시작되고 있다.

3. 브랜드 수출품(branded exports)

- 브랜드 수출품들은 해외에서 국가명성을 높여주는 데 있어서 결정적인 기여를 한다.
- 칠레 와인업자들은 그들 생산품의 50%를 5개 대륙 90여 개국에 수출하고 있다. 칠레 와인 소비자들은 칠레에 한번 가보지도 않고 칠레의 와인을 소비함으로써 칠레의 국가브랜드와 명성을 제고시켜 주고 있는 것이다.

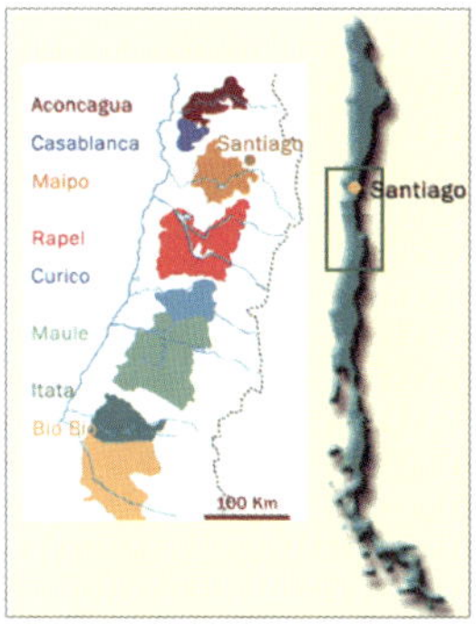

blog.joins.com

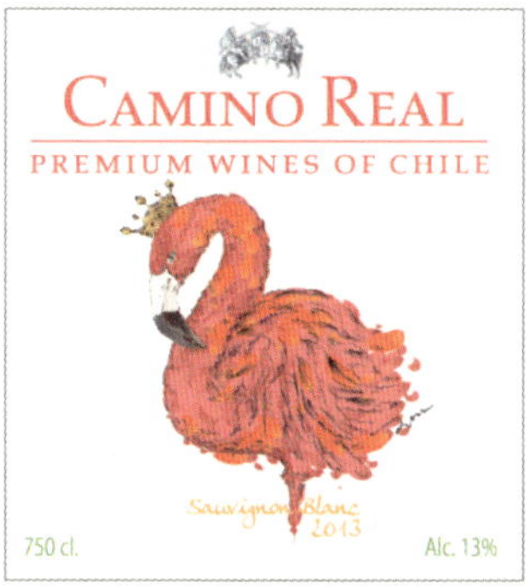

renewbranding.com

칠레의 와인 생산지와 브랜드

6.5 원산지국가 효과(Country-of-Origin: COO)

1) 원산지국가 효과란?

- 원산지 효과는 상품이나 서비스의 원산지가 소비자의 구매나 행동에 미치는 영향을 의미한다.
- 프랑스 향수, 스위스 시계, 이탈리아 패션, 일본기술, 콜롬비아 커피 등은 소비자의 입장에서 생산품과 생삼품의 원산지를 동일시하는 브랜드 효과를 발휘하게 되어 원산지의 국가브랜드 가치를 향상시켜 주고 있다.

wemakeprice.com

프랑스의 니치향수

global.rakuten.com

스위스 철도 공식 시계 MONDAINE

ko.aliexpress.com

- 생산품과 생산품의 원산지 간에는 높은 상관관계가 존재한다. 하지만 어느 방향으로 긍정적인 인식의 흐름이 나타나는지에 대해서는 불분명하다. 예컨대, 삼성전자가 한국의 국가브랜드 이미지

jobnjoy.com

를 높였는지, 글로벌시장에서의 한국의 신뢰도가 높아감에 따라 그 반사이익으로 삼성전자브랜드 가치가 향상되었는지에 대한 이슈는 보다 심도 있는 연구의 대상이 되고 있다.

2) 원산지국가와 상품브랜드의 결합

- 2005년 아이슬란드 보드카인 Reyka가 영국에 시판되기 시작하면서 광고를 한다. "레이카 보드카는 세계에서 가장 순수한 국가 중에 하나인 북극샘물로 만들어집니다. 우리는 지열에너지를 이용하여 보드카를 만들기 때문에 우리의 보드카처럼 아이슬란드는 아주 순수한 국가입니다."
- 레이카 보드카는 환경 순수성을 지닌 아이슬란드 브랜드 연상으로부터 혜택을 받고, 아이슬란드는 고급 질의 순수한 보드카가 아이슬란드의 국가브랜드 자산에 추가되는 효과를 얻게 된다.
- 이러한 상생효과는 브랜드 만들기 수단으로서의 원산지의 강력한 역할을 보여주고 있는 것이다.
- 그동안 브랜드 관련 학회지에는 상품카테고리와 국가이미지의 결합(matching)에 관한 연구논문이 수없이 발표되었다(Dinnie, 2004).

www.luxury-insider.com

focus2move.com

en.wikipedia.org

twitter.com

- 기업이나 정부브랜드 관리자들이 소비자의 구매의도를 파악하기 위해 상품-원산지 결합정보를 활용하기도 한다.
- 소비자들은 브랜드 원산지에 대하여 모르기 때문에 기업의 브랜드 마케팅 등을 통해 상품이나 서비스의 원산지를 알려주는 노력을 기울여야 할 것이다.
- 세계시장에서 프리미엄급의 질을 인정받는 도시바, 미쓰비시, 소니와 같은 기업과 일본 국가브랜드가 자연스럽게 결합된다.
- 한국의 삼성과 LG와 같은 세계적 기업은 원산지 국가인 한국브랜드와 조화가 되면서 상생효과를 누리고 있다.

6.6 판매국가 효과(Country-of-Sell: COL)

- 상품이 판매되는 국가나 도시가 상품이미지에 영향을 미치게 된다. 이를 판매국가 효과(country-of-sell)라고 부른다.
- Ecoterra라는 포르투갈의 작은 식품업체가 자기 회사브랜드에 런던의 가치를 접목시키려는 목표 속에서 런던마켓에 들어가 영업을 시작하였다. 런던 브랜드가 상품의 지각된 질(perceived quality)과 브랜드 개성에 영향을 주리라는 믿음이 있었다. 소비자는 상품이 치열한 경쟁시장인 런던에서, 그리고 세계 최고의 런던 가게(shop)에서 팔린다는 인식을 가지게 된다.
- 모던, 코스모폴리탄, 역동성이라는 런던의 가치가 Ecoterra라는 회사브랜드 특성에 녹아들어간 것이다. Ecoterra는 "런던에서 잘 팔린다"라는 소비자인식으로 인해 포르투갈 내에도 다른 상품과 차별화되는 대우를 받으면서, 고급, 모던, 코스모폴리탄, 역동정인 포르투갈 브랜드로 포지셔닝을 하게 되었다.

www.terrapak.com

Chapter 07

국가 아이덴티티

7.1 국가 아이덴티티의 속성

1) 국가 아이덴티티의 특징

- 국가 아이덴티티의 근본적인 특징에는 아래의 구체적인 요소들이 포함된다.

❁ 국가 아이덴티티의 특징

- 역사적 국가영토
- 신화 및 역사적 사건
- 대중문화
- 경제

〈국가 아이덴티티의 개념, 요소, 차원〉

저자	국가브랜드의 개념, 요소, 차원
Smith(2005)	국가영토, 신화, 대중문화, 법적 권리, 경제
Anderson(1996)	상상하는 커뮤니티(imagined community)로서의 국가, 깊고도 수평적인 동료의식의 국가
Kearney(2001)	하나의 '국가의 과거사'나 하나의 '국가이미지'로는 영국과 같은 다국가체계의 아이덴티티를 왜곡시킬 수 있다.
Tolz(2006)	문화, 종교, 언어와 같은 특징들을 토대로 한 국민의식과 민족 아이덴티티를 어떻게 조화시키느냐가 국가 아이덴티티 구축의 관건이다.
Parekh(2003)	아이덴티티는 고정되지도 불변인 것도 아니어서 얼마든지 재구성할 수 있다.
Thompson(2008)	국가는 모든 국민들이 한마음으로 생각하고, 느끼고, 행동하는 통일된 실체(entity)가 아니다. 개인 각자는 국가 아이덴티티를 정립하는 데 여러 가지 다양한 방법으로 기여한다.

- 국제무역 장벽이 없어지고, 인터넷의 발달로 전 세계가 상호 연결될수록 국가 아이덴티티는 많은 사람들에게 여전히 감성과 정신, 그리고 영혼의 근원으로 작용하고 있다.

2) 국가 아이덴티티의 비주얼 상징물(Visual Symbols)

- 국가 아이덴티티의 비주얼 상징물은 군인의 유니폼, 전통 드레스, 그리고 건축양식 등이 있다.
- 국가 아이덴티티의 음(sonic)상징물은 애국가, 언어, 지역사투리, 방언 등이 있다. 남아공의 Nelson Mandela나 스코틀랜드의 Sean Connery의 음성 역시 국가를 상징하는 아이덴티티를 지니고 있다.

3) 풍경(Landscape)

- 풍경은 국가 아이덴티티에 있어서 또 하나의 비주얼 상징물이 된다. 노르웨이의 피오르, 일본의 후지산, 호주의 에이어스(Ayers) 바위 등은 세계적으로 명성 있는 비주얼 상징물이다.

www.travelro.co.kr

노르웨이의 피오르

m.blog.daum.net

호주의 에이어스(Ayers) 바위

- 국가브랜딩을 함에 있어서 정책과제는 경관이 탁월한 장소를 단순한 관광장소로 인식하여 국가브랜딩과 연결시킬 것이 아니라 투자나 첨단기술 등을 접목시켜 복합적인 장소로 브랜딩하는 전략도 필요하다고 하겠다.
- 아직 관광자원을 충분히 개발하지 않은 국가에서는 역사적인 흔적이 묻어있는 신성한 커뮤니티 등을 지속가능한 개발의 패러다임 속에서 '시적 공간의 경작(cultivating poetic space)'으로 조성하는 노력이 필요하다.

4) 역사·사회·문화를 통한 국가 아이덴티티 구축

- 국가 아이덴티티에서 있어서 여러 국가에서 일어나는 논란적인 이슈는 문화적 다양성(cultural diversity)과 국가 통합(national unity) 간의 갈등이다(러시아에서는 국가 아이덴티티를 정립함에 있어서 내적으로는 국민의 아이덴티티와 외적으로는 민족 아이덴티티를 상호 조정하는 문제가 대두되고 있다).
- 한 국가 내에서 국가가 추구하는 목표에 반하는 문화적 요소가 서로 충돌할 때, 이에 따른 엄청난 사회정치적 파장이 일어날 수 있다. 이런 맥락에서 국가브랜딩 과정에서는 내적·외부적 문화적인 특징이나 관점이 매우 민감한 정치적인 함의를 품고 있음을 염두에 두어야 할 것이다.
- 국가의 유산(heritage)과 문화요소가 제대로 반영되지 않은 'Cool Britannia'와 같은 국가브랜드 실패작에서 교훈을 얻어야 한다.
- 내적 국민과 외적 민족 아이덴티티가 섞여 있는 스코틀랜드에서 민족 간의 긴장을 완화하고자 'One Scotland'라는 캠페인을 벌였다. 이는 민족 커뮤니티가 스코틀랜드적 라이프(Scottish Life)에 기여한 노력을 기념하는 캠페인으로 볼 수 있다.
- Olins(2006)는 국가 아이덴티티에 대한 기여도를 평가하기 위한 척도(또는 지표)를 다음과 같이 4가지로 설정하였다.

❁ 국가 아이덴티티 평가기준(Olins, 2006)

* 문화적 동질성
* 믿음구조
* 국가유산
* 민족중심주의

www.theoriel.com

the oriel gallery specialists in irish art

- 커뮤니티 및 국가에서는 그들 사회·문화·환경을 대표하는 국가적 아이덴티티를 스스로 정립하는 트렌드가 최근에 눈에 띄게 나타나고 있다. 예로서 북아일랜드 사람들은 'Irish-friendly' 시장에서 'Irish'란 브랜드로 마케팅하고 있고, 영국 사람들은 'British-friendly'시장에서 'British'로 마케팅한다.

www.redraggallery.co.uk

Val Byrne - Red Rag British art gallery

www.bbc.com

BBC - Culture - What makes British art 'British'?

- 최근에는 국가 아이덴티티를 정적이고 고정된 것보다는 유연(fluid)하게 보는 관점이 우세하다. Bond(2009)는 국가의 과거흔적이 국가의 현대 경제적 이익을 창출하기 위해 국가브랜드를 가동시키는 원동력이 되고 있다고 한다. 따라서 그는 국가 아이덴티티 구축에 있어서 현대적 아이덴티티를 구축함과 동시에 국가 아이덴티티에 대한 역사적 영향을 동시에 고려해야 함을 강조한다. 과거와 현대라는 두 개의 맥락을 동시에 만족시킬 수 있는

4개의 과정은 다음과 같다.

과거역사와 현대의 경제적 목적을 충족시키는 국가 아이덴티티 구축유형(Bond, 2009)

반복(reiteration)

- 역사적으로 긍정적인 요소를 발굴하여 국가 아이덴티티로 정립

회복(recapture)

- 현재의 이슈, 문제, 장소, 커뮤니티에 과거의 성공스토리를 접목시켜 국가 아이덴티티를 재구축

재해석(reinterpretation)

- 과거의 부정적인 요소를 현대적 맥락에서 장점으로 재해석하여 국가 아이덴티티에 접목

제거(repudiation)

- 과거의 부정적인 요소가 현대적 아이덴티티의 구축에 적합하지 않으면 제거

국가 아이덴티티 구축유형을 보면 아이덴티티는 주어지는 것이 아니라 구축되는 것임을 알 수 있다.

5) 국가브랜드가 된 역사적 인물

- 대문호와 같은 역사적 인물이 국가브랜드 아이덴티티에 영향을 미치게 된다.
- 영국의 셰익스피어가 남긴 작품과 유산에 필적할 만한 것은 없다. 그의 작품은 100개 이상의 언어로 번역됐고 전 세계 학생의 절반이 배우고 있다. 셰익스피어의 영향력은 언어에만 국한되지 않는다. 그가 쓴 대사와 줄거리, 창조한 캐릭터는 지속적으로 우리의 문화와 사회 전반에 큰 영감을 준다.
- 넬슨 만델라는 로벤 섬에 수감됐을 때 '줄리어스 시저'의 '겁쟁이는 죽기 전

artinsight.co.kr

셰익스피어

에 여러 번 죽지만 영웅은 오직 한 번 죽는다'는 구절을 인용한 바 있다.

- 영국 시인 케이트 템페스트는 시 '나의 셰익스피어(My Shakespeare)'에서 셰익스피어가 지닌 영원한 가치를 "창문 밑에 홀로 서 있어 본 모든 연인… 속삭이는 모든 질투, 영면에 들지 못한 모든 혼령에 존재한다"고 표현했다. 디킨스와 괴테에서 차이코프스키, 베르디, 브람스까지, 또 뮤지컬 '웨스트 사이드스토리'에서 '쥐덫'에 이르기까지 셰익스피어의 영향력은 그야말로 문화 전반에서 광범위하게 찾을 수 있다.

abcnews.go.com

www.theguardian.com

West Side Story

6) 창조된 전통(invented tradition)

- 전통의 창조(*The Invention of Tradition*)(Hobsbawm and Ranger, 2012)에 의하면 오래된 전통이라고 부르는 내용을 보면 최근에 만들어진 것들이 많다.
- 국가나 도시브랜드에서 전통이나 신화 등을 적용하는데, 일부 전통들이 조작되거나 왜곡되어 브랜드에 접목되는 경우가 발생한다.

Chapter 08

한국의 국가브랜드 정책

8.1 한국의 국가브랜드 정책

1) 김대중 정부와 노무현 정부의 국가이미지 제고 정책

(1) 국가이미지 제고위원회

- 김대중 정부에서는 2002년 7월 국제사회에서 우리나라의 위상과 역할 그리고 인지도강화를 위해 「국가이미지 제고위원회」를 설치함으로써 국가브랜드 및 이미지 등에 관심을 기울였다.
- 국가이미지위원회는 국무총리를 위원장으로 해당 부처의 장관이 위원으로 구성되었으며 국가이미지와 관련된 비전과 전략의 수립, 법·제도의 개선, 그리고 해외홍보사업의 지원 등을 수행하였다.
- 우리나라의 대외적 국가이미지에 대한 개선과 지속적·체계적인 관리 및 발전 등에 관심을 갖게 한 계기는 '2002년 한·일 월드컵'으로 보는 관점이 일반적이다(국정홍보처, 2007).

역대 국가브랜드 사업 추진 연혁

2001	국가브랜드 슬로건 'Dynamic Korea' 공표
2002	'국가이미지제고위원회' 출범
2004	'국가이미지위원회' 로 명칭 변경
2007	관광브랜드 슬로건 'Korea, Sparkling' 공표
2008	이명박 대통령 8·15 경축사에서 국가브랜드 제고 천명
2009	'국가브랜드위원회' 출범(Dynamic Korea 사실상 폐기)
2013	국가브랜드위원회 폐지
2014	관광브랜드 슬로건 'Imagine your Korea' 공표
2015	새로운 국가브랜드 사업 추진

자료:문화체육관광부

blog.daum.net

- 우리나라를 상징하는 대표적인 국가이미지와 전략, 그리고 이와 같은 측면을 포괄적으로 제시하는 국가브랜드 슬로건인 "다이내믹 코리아(Dynamic Korea)"를 선정함으로써 국가이미지의 정체성과 통일성을 확보하려는 노력을 기울였다(박종삼, 2003).
- 국가이미지위원회는 우리나라의 진취적 · 역동적인 국가정체성과 국가이미지를 확립하고, 확산시키기 위해서 다양한 정책과 프로그램 등을 소개하였다. 즉 국가이미지위원회는 재외동포 네트워크를 활용한 홍보방안, 문화와 관광이미지 강화를 통한 해외홍보전략, IT관련 정보와 기술 등의 보급, 그리고 국가이미지에 대한 실태조사 등을 통해 국가이미지를 개선 및 확산에 기여하였다(국가브랜드위원회, 2008).

(2) 국가이미지위원회의 한계

- 김대중 정부와 노무현 정부의 국가브랜드 추진체계에는 다음과 같은 한계가 존재한다, 첫째, 국가이미지위원회의 설치 및 활동의 근거가 법률이 아닌 대통령훈령이었기 때문에 해당 업무에 대한 집행력과 구속력 등이 미약했다는 점에서 국가이미지정책과 사업 등에 관련한 실제적인 컨트롤타워의 역할을 수행하지 못하였다(한국정책학회, 2012).
- 둘째, 국가이미지위원회의 국가이미지 제고 등에 관한 총괄기능이 부족함에 따라서 해당 정책과 사업 등의 민관협력체계를 이끌어내지 못했을 뿐만 아니라 정부부처와 유관기관 간 협력 및 조정체계도 확립하지 못했던 것으로 나타났다(국가브랜드위원회, 2008).
- 김대중 정부와 노무현 정부는 국가이미지 제고와 확산을 위해 노력했지만 국제적 평가 등에서 별다른 성과를 거두지 못한 것으로 나타났다. 특히 Dynamic Korea 등과 같은 슬로건을 통한 국가이미지 제고의 효과는 약하게 나타났다.

2) 이명박 정부의 국가브랜드위원회

(1) 국가브랜드위원회의 설립 및 정책과제

- 우리나라의 국가브랜드가 우리의 경제규모와 국제적 위상 등과 비교해서 낮은 것으로 나타남에 따라 이명박 정부는 국가브랜드(nation brand)에 관심을 기울이기 시작하였다. 이명박 대통령은 2008년 8.15 광복절 경축사에서 우리나라 국가브랜드 가치 제고의 필요성을 강조했다. 정부는 2009년 1월에 대통령직속 '국가브랜드위원회'를 설치함으로써 정부차원에서 국가브랜드를 제고를 위한 추진체계를 구축한다.
- 이명박 정부는 원산지 이미지, 언론, 관광 그리고 홍보활동 등을 포괄하는 국가이미지에서 전략적 상징체계를 포함하는 국가브랜드의 가치를 제고하기 위해서 2009년 1월「국가브랜드 가치 제고에 관한 규정(대통령령)」에 근거하여 대통령 직속 '국가브랜드위원회'를 통해 설치하였다.

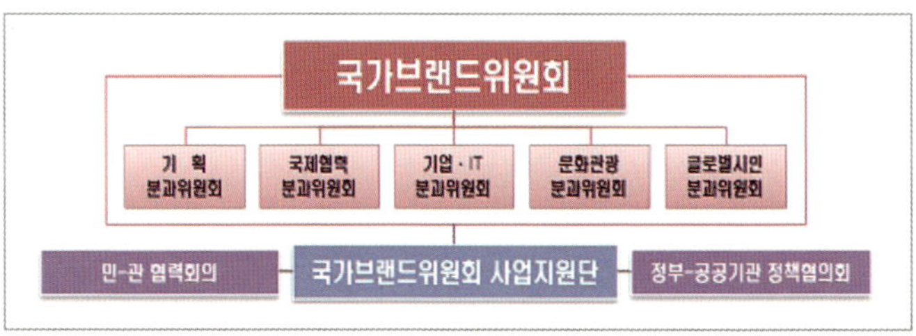

17koreabrand.pa.go.kr

국가브랜드위원회의 비전과 실행전략

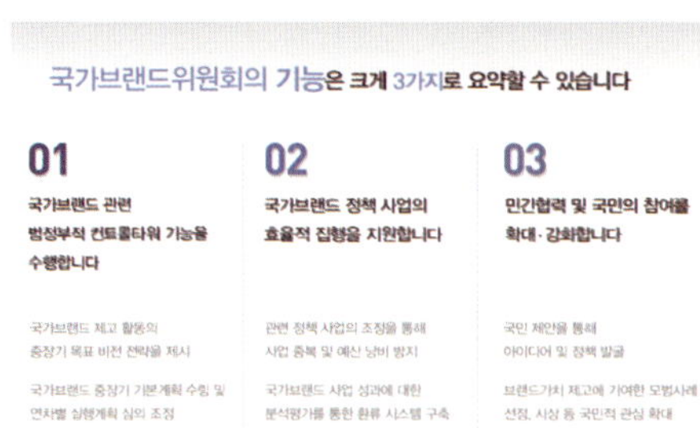

17koreabrand.pa.go.kr

한창우 작품

- 우리나라의 국가브랜드 정책을 위한 계획은 국가브랜드위원회(2008)가 작성한 세부과제를 포함하고 있다. 5대 분야는 각각 국제사회에 기여확대, 문화자산의 세계화, 글로벌 시민의식함양 및 다문화 포용, 선진기술 및 첨단과학의 세계화, 글로벌 소통 강화 등이다. 외교부, 기재부 등을 포함한 정부 내 다양한 부처들이 참여하여 과제를 계획을 수립하였다.
- 국가브랜드위원회는 국가브랜드 제1차 및 제2차 기본계획을 통해 5대 역점 분야 및 10대 과제 등을 제시하는 등 국가브랜드의 비전과 전략 그리고 실행전략 등을 제시함으로써 국가브랜드 정책을 수립하고 집행하는 데 총괄기구로서의 역할을 부여하고자 하였다.
- 5대 분야는 각각 국제사회에 기여확대, 문화자산의 세계화, 글로벌 시민의식함양 및 다문화 포용, 선진기술 및 첨단과학의 세계화, 글로벌소통강화 등이며 외교부, 기재부 등을 포함한 정부 내 다양한 부처들의 과제를 포괄한다.
- 21개 정부부처가 추진하고 있는 10개의 정책과제를 국가브랜드라는 하나의 정책으로 추진하기 위한 노력을 기울인 것이다. 즉 기존에는 각 정부부처가 나름의 논리와 기준 등을 바탕으로 산발적·일시적으로 국가브랜드와 관련된 정책과 사업 등을 추진했었다.

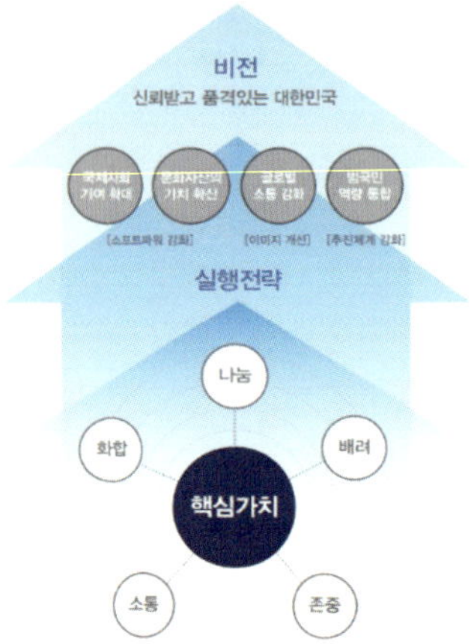

blog.daum.net

국가브랜드위원회의 비전, 실행전략, 핵심가치

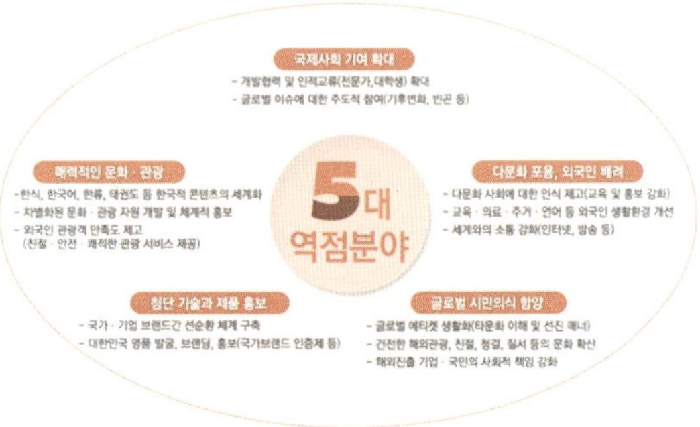

2proo.net

국가브랜드위원회의 5대 역점분야

- 국가브랜드위원회가 국가브랜드 관련 정책의 총괄 및 조정기구로서의 역할을 수행하면서 기존 정부의 한계를 극복하려는 시도는 긍정적인 평가를 받을 만하다.
- 브랜드위원회를 통해서 국가브랜드 정책의 일관성과 지속성 그리고 중앙집권적인 정책수립과 집행 등에 높은 점수를 줄 수 있다.
- 우리나라의 국가브랜드의 실체와 이미지 간격차 등을 파악한 것은 고무적인 일로 평가가 된다.
- 이명박 정부의 국가브랜드 제2차 기본계획의 역점분야 및 중앙행정기관별 정책과제 등을 정리하면 다음과 같다.

(2) 국가브랜드 제2차 기본계획(역점분야 및 중앙행정기관의 정책과제)

1. 국제사회에 기여확대

- 글로벌이슈에 대한 주도적 참여(외교통상부, 환경부, 산림청, 기상청)
- ODA 확대 등 개발협력과 인적 교류 강화로 국제사회 기여(외교통상부, 법

무부, 행정안전부(현 행정자치부), 농림수산식품부, 교육과학기술부(현 교육부), 기획재정부, 국가보훈처, 농업진흥청)

2. 문화자산의 세계화

- 한류콘텐츠의 세계화(외교통상부, 문화체육관광부, 국가브랜드위원회)
- 매력적인 문화관광자원화(문화체육관광부, 환경부, 교육과학기술부(현 교육부), 농림수산식품부(현 농림축산식품부), 국토해양부, 보건복지부, 문화재청)

3. 글로벌 시민의식 및 다문화 포용

- 국가위상에 걸맞는 글로벌 의식함양(문화체육관광부, 법무부)
- 다문화 포용(교육과학기술부(현 교육부), 법무부, 농림수산식품부(현 농림축산식품부), 행정안전부(현 행정자치부), 여성가족부, 고용노동부)

4. 선진기술 및 첨단과학의 세계화

- 우수기술 및 제품의 세계시장소개(농림수산식품부(현 농림축산식품부), 지식경제부, 방송통신위원회, 금융위원회)
- 첨단기술 및 디자인 강국으로서의 브랜드구축(환경부, 국토해양부(현 국토교통부), 지식경제부(현 산업통상자원부), 특허청)

5. 글로벌 소통강화

- 글로벌소통강화(외교통상부(현 외교부), 문화체육관광부, 교육과학기술부(현 교육부), 행정안전부(현 행정자치부), 방송통신위원회, 국가브랜드위원회)

(3) 국가브랜드위원회 관련 문제점

- 국가브랜드위원회가 주도적으로 정책을 종합적으로 계획하고 집행할 수 있는 기능이 부족하였다.
- 국가브랜드위원회가 정책에 대한 결정권과 집행권, 그리고 예산 배정권이

부재한 한계를 지닌 채 출발한 것이다.

- 국가브랜드위원회가 중앙행정기관의 다양한 정책을 종합적으로 조율하고 조정하지 못했다.
- 국가브랜드기본계획에서는 정책목표와 정책수단 간의 연결고리가 잘 드러나지 않았다.
- 하위의 정책과제들이 구체적으로 국가브랜드라는 관점에서 어떠한 목표를 추구하는지를 알기 어렵게 되어 있다.
- 대부분의 정책과제들은 사업개요, 현황, 사업의 주요내용, 추진체계 주무부처, 연도별 실행계획 등을 보여주고 있다.
- 목표가 불분명하기 때문에 성과지표를 제대로 설정하지 못해 상위목표의 달성에 대한 기여도를 측정하기가 곤란한 구도로 되어 있다.
- 강정석(2013)은 국가브랜드정책에 몇 가지 문제점을 지적하고 있다. 그는 top-down 개념의 전략적 목표가치의 부재, 각 부처가 수행한 정책과제들의 효과적인 조율과 전략적 자원배분의 어려움 등이 있다고 지적한다. 이러한 문제점과 관련해서 국가브랜드위원회의 비전과 실행전략이라는 관점에서 정책과제들이 체계적으로 조합되어 있기보다는 각 부처에서 수행하고 있는 정책과제들 가운데 국가브랜드와 일정한 연관성이 있는 과제들이 bottom-up 방식으로 모여 있다는 비평을 받고 있다.

8.2 국가브랜드 정책평가체계

1) 국가브랜드 정책 추진과제

- 국가브랜드위원회가 제시한 우리나라 국가브랜드 정책평가의 추진목적은 아래와 같다.

  "부처별 국가브랜드 가치 제고 과제 이행계획과 추진실적의 충실성·적극성을 정기적으로 점검 및 평가함으로써 국가브랜드 주요정책의 차질 없는 추진과 성과도출을 지원한다."

- 이를 위한 근거규정은「국가브랜드 가치 제고에 관한 규정 제정 2009.1.30 대통령령 1283호」이며 구체적으로는 제7조(중앙행정기관별 이행계획수립) 및 제8조(추진실적평가), 그리고 제11조(위원회기능 심의사항 중 제3호: 중앙행정기관별 이행계획 점검 및 추진실적평가) 등에 근거한다.
- 평가의 주요내용은 2011년도의 경우 2012년도 각 부처의 업무보고 내용 가운데 국가브랜드 유관과제들을 분류하여 정기점검 및 상시 모니터링 체계를 구축하는 것이며 이에는 2부1처(보훈처), 2위원회(방통위, 금융위), 6청(농진청, 문화재청, 중기청, 특허청, 기상청, 산림청) 등이 해당한다.
- 다음은 2012년도의 평가대상과제를 보여주는 것이다

2) 평가대상과제

(1) 국제사회에 기여 확대

① 글로벌 이슈에 대한 주도적 참여 확대

1. 과제명: 해외봉사단 통합 브랜딩(외교통상부(현 외교부))

   * 실천계획: 민관통합 단일브랜드로서의 저변확대 및 국가대표성 강화
   * WFK사업의 통합 및 내실화 통한 질적 성장 도모

2. 과제명: 지속가능 발전 국제허브 구축(환경부)

   * UN 지속가능 발전센터 지원을 통한 아·태 지역 지속가능발전 선도

3. 과제명: 기후변화에 강한 대한민국(환경부)

   * 온실가스 감축 및 정책브랜드화, 그린카드 확대 및 국제 홍보
   * 폐자원에너지를 통한 신재생에너지 확대 및 자원순환율 제고

4. 과제명: 우리나라 주도의 아시아 산림협력기구(AFoCO) 설립(산림청)

   * 기후변화 대응한 선·개도국간 가교 역할 담당
   * 개도국 열대림 복원 및 사막화 방지에 필요한 기술이전, 능력배양, 공동연구 등 수행

② ODA 확대 등 개발협력과 인적 교류 강화로 국제사회 기여

1. 과제명: 한국과 함께하는 경제발전(기획재정부)

   * 개도국 대상경제정책 포괄 컨설팅 실시

2. 과제명: 글로벌코리아(외교통상부(현 외교부))

   * ODA 확대추진
   * UN 안보리 비상임이사국 진출 추진

3. 과제명: 한국형 근대화 성공모델 새마을운동 세계화(행정안전부(현 행정자치부))

   * 초청연수 및 시범사업 확대
   * 새마을 현지화를 위한 센터 설치 및 협력관 파견

* 새마을과 연계분야(농업, 보건, 공공, 행정 등) 확대실시

(2) 문화자산의 세계화

① 한류콘텐츠의 세계화

1. 한국어 보급 확대 및 세계화(문화체육관광부)

* 세종학당 전략적 지정 및 브랜드육성
* 누리-세종학당을 통한 한국어 교육 접근성 확대

2. 해외박물관 한국실 설치 및 운영활성화 및 콘텐츠 지원(문화체육관광부, 외교통상부(현 외교부))

* 한국실 운영활성화 지원
* 유물대여 기획전 개최
* 한국실 설치 프로그램 지원 등

3. 해외 주요도서관 한국자료보급(문화체육관광부)

* 한국자료실 설치
* 한국연구자료, 소개자료 지원 등

4. 전통문화유산의 세계유산 등재 추진(국가브랜드위원회)

* 국제행사 및 언론홍보를 통한 세계유산 등재를 위한 국제적 지원분위기 조성
* 태권도, 자수, 나전칠기, 기능장 등 무형유산 발굴 및 추가 등재 추진
* 청년 유네스코 세계유산 지킴이 발대식 등을 통해 청년층 관심유도

② 매력적인 문화·관광 자원화

1.한국의료브랜드 구축(보건복지부)

* Medical Road to Korea 브랜드 구축
* 전략지역 국가별 홍보전략 수립

2. 한국적 스타일의 종합 브랜딩(문화체육관광부)

* 전통생활문화 저변확대, 산업화, 세계화
* 전통문화 진흥법령 연구·정비, 전통문화자원 확대 등

3. 전통문화 예술 브랜드화(문화체육관광부)

* 전통문화예술 공연 및 전시활성화
* 고궁 등 전통 공간 관광자원화

4. 세계적인 명품 고도 육성(문화재청)

* 고도의 왕궁터 등 골격회복과 역사적 환경 진정성 회복
* 역사문화 고유 경관 조성 및 조망 경관 보존·관리

5. DMZ 세계적 생태계 명소화 추진(환경부)

* DMZ 유네스코 생물권 보전지역 지정 및 관리
* DMZ 생태·평화공원조성 등

6. 세계인에게 감동을 주는 한식세계화(농림수산식품부(현 농림축산식품부))

* pop 등 한류 활용 한식홍보
* 문화와 한식의 동반 진출 추진
* 한식세계화 중장기 계획 보완

7. 국가브랜드공연 신작개발 및 문화교류 활성화(문화체육관광부)

* 한류와-POP에 세계가 집중하는 최근의 문화예술
* 조류에 부합하는 작품개발

8. 글로벌한국학육성(교육과학기술부(현 교육부))

* 세계 유명대학에 한국학 관련 LAB 구축 지원
* 해외한국학 연구인력 육성 등

(3) 선진기술 및 첨단과학의 세계화

① 우수기술 및 제품의 세계시장 소개

1. 국가브랜드 맵(map) 조사 및 모니터링(지식경제부(현 산업통상자원부))

* 세계 주요국 대상 한국의 산업이미지 등 국가브랜드 이미지 구성요소 조사

2. 국제적 회계신인도 개선(금융위원회)

* 회계투명성 확보를 통한 Global Standards 준수

* 경제수준에 맞는 국제사회에서의 책임수행

② 첨단기술 및 디자인 강국으로서의 브랜드 구축

1. 대한민국 명품브랜드 발굴 및 홍보(지식경제부(현 산업통상자원부))

   * 한국 산업, 기술 BI 구축
   * 국가브랜드 산업, 기술 선정 및 홍보

2. 한국형 첨단도시, U city 해외수출(국토해양부(현 국토교통부))

   * U City World Forum 추진
   * U City 해외진출 지원 사업

3. 고속철도해외진출(국토해양부(현 국토교통부))

   * 한국형 고속철도 해외진출(미국, 브라질, 베트남 등)

(4) 글로벌 소통 강화

1. 재외동포 통합네트워크 구축(외교통상부(현 외교부))

   * 온라인 통합 한민족 네트워크 고도화 및 활성화
   * 사이버 한상네트워크 고도화 및 활성화
   * 재외동포 대상 민족정체성 함양을 위한 민족교육실시

2. 글로벌 지한 네트워크 구축(외교통상부(현 외교부))

   * 해외 대학의 한국 관련 교육 및 연구 지원
   * 차세대 한국전문가에 대한 단계별 장학지원 등

3. 글로벌이슈 문화행사개최(외교통상부(현 외교부))

   * 글로벌이슈를 테마로 사진전, 조형미술전, 음악회, 패션쇼 등 개최
   * 우리나라의 국격 제고에 효과적인 문화행사 개최

4. 해외미디어 홍보(문화체육관광부)

   * 해외언론인 초청
   * 국가브랜드 광고 등 추진

5. 한국주간(Korea Week) 개최(국가브랜드위원회)

* 고품격 전통문화·예술을 소개할 수 있는 다양한 문화행사 및 경제협력 국제교류 행사 개최

6. 국가브랜드지수 조사·운영(국가브랜드위원회)

* 국가브랜드 가치 현황조사 및 분석

* 국가브랜드 가치제고 전략 도출

3) 정책적 시사점

- 국가브랜드 기본계획에서는 국가가 추구하고자 하는 가치와 이상 등의 목표가 분명하게 드러나지 않고 있다.
- 상위목표가 불분명한 상태에서 하위의 정책과제들이 구체적으로 추구하는 목표를 알 수 없게 된다.
- 국가브랜드 기본계획에서의 정책과제들이 단순히 나열식으로 사업개요 현황 사업의 주요내용, 추진체계, 주무부처, 연도별 실행계획 등만을 보여주고 있다.
- 부처별로 추진하는 정책과제들 간의 상호 연계성이나 중복성 등이 충분히 고려되지 못한 채 설정되어 있다.
- 국가브랜드 기본계획의 비전과 실행전략은 각각의 실행전략이 추구하는 목표와 구체적인 시행계획이 연계되지 않았다.
- 정책과제들이 추구하는 목표가 불분명하기 때문에 성과지표를 제대로 설정하지 못해 상위목표의 달성에 대한 기여도를 측정하기가 곤란한 구조로 구축되어 있다.

4) 국가브랜드 평가항목 및 평가지표

- 국가브랜드 정책과제는 국가브랜드 정책평가단이 정책과정(형성-집행-성과)

별 평가지표에 따라 부처가 제출한 실적자료를 토대로 평가한다.

- 국가브랜드 과제성격에 따라 분과를 나누어 과제별 등급화하고, 평가의 전문성·객관성을 위해 국가브랜드위원회가 민간전문가 중심의 '국가브랜드 정책평가단'을 구성·운영한다.

❁ 국가브랜드 평가항목 및 평가지표

계획(20점)

1. 계획수립의 적절성

   1.1 계획수립 시 사전조사 의견수렴의 충실성

   1-2 정책분석의 적절성

2. 성과계획의 적절성

   2-1 성과지표 및 목표치의 적절성

집행(30점)

3. 추진과정의 충실성

   3-1 추진일정의 충실성

   3-2 정책상황 변화에 대한 대응성

   3-3 유관기관 정책과의 협조노력

4. 정책참여 및 확산노력

   4-1 관련 교육, 대국민 소통·홍보, 국가브랜드 제고 마인드 확산노력

성과(50점)

5. 성과달성도

   5-1 성과목표 달성도

   5-2 정책 효과성

5) 기존 국가브랜드 전략체계의 문제점 및 개선방향

(1) 국가브랜드 전략체계의 문제점

강정석(2013)은 브랜드 전략체계의 문제점 및 개선방향을 아래와 같이 제시한다.

- 비전과 실행전략이 각 부처의 정책과 밀접하게 연계되지 않음
- 비전과 실행전략이 구체적인 세부목표를 제시하지 않고 있으며 전략목표로부터 각 부처의 정책과제에 이르는 수직적 연계성이 약함
- 국가브랜드 5대 영역(2차 기본계획 등)의 구성이 논리적이지 않음
- 전략과 정책들이 국가브랜드지수 등과의 연계가 부족하여 정책목표의 실현 정도를 파악하기 어렵고, 향후 추진전략의 재구성 및 우선순위 설정 등이 어려움

(2) 국가브랜드 전략체계의 개선방향

- 국가브랜드 추진전략의 목표와 효과로부터 출발하는 하향적인(top-down) 접근과 각 부처가 기존에 수행하는 정책 및 과제들이 반영될 수 있는 상향적(bottom-up) 접근이 동시에 이루어져야 함
- 국가브랜드 추진전략의 영역설정에 있어서 문화, 과학기술, 소통강화 등 개별구성 요소의 나열적 모음(기존 5대 영역)보다는 국가브랜드의 창출과 기반확대, 국가브랜드의 유지 및 강화, 국가브랜드의 민관 활용증대 등과 같은 선형적 구성을 고려할 필요가 있음
- 위와 같이 창출, 유지·강화 활용 등과 같은 영역을 설정함과 동시에 문화, 과학기술, 경제 산업, 정부 및 거버넌스의 민간 활용 증대 등과 같은 선형적 구성을 고려할 필요가 있음

- 정책영역의 구성은 각 부처의 업무내용과 함께 기존의 국가브랜드지수의 8개 영역을 참고로 하여 정책적 추진과 성과획득이 가능한 분야로 설정

6) 국가브랜드 전략영역 제안(강정석, 2013 참조 재정리)

(1) 국가브랜드 창출 및 확산

- 국가브랜드 콘텐츠 개발 혹은 부처별 영역에서의 서브브랜드 창출활동
  예: 한글, K-Pop, 한식 등 특정한 아이템이나 자산 등의 브랜드화
- 국가브랜드 혹은 국가인지도를 제고하거나 개발하기 위한 활동
  예: 한국관련 자료 보급 확대, 문화자산 등재, 미디어 홍보 등

(2) 네트워크 등 국가브랜드 기반 강화

- 국가 간 교류 협력활동
- 해외국가의 국민 등을 대상으로 한 교류협력활동
- 국제기구의 설립이나 활동의 주도 또는 허브구축 활동
- 시민의식 혹은 소통강화를 위한 활동
- 다문화 대응 및 관련 기반 강화 활동
- 기업 시민사회 등 민간부문과의 협력강화 활동

(3) 국가브랜드 활용을 통한 신뢰국가 구축

- 재화나 시스템 등 수출활동
- 개도국지원 컨설팅
- ODA 관련사업
- 국제표준의 추구 또는 확산 등

PART 03

마케팅과 도시 브랜드 브랜딩

Chapter 09

마케팅의 모든 것들

9.1 상품·서비스의 가치와 마케팅

1) 상품·서비스의 가치와 마케팅

- 상품의 가치=물리적 가치+감성적 가치
- 서비스 가치=서비스 가치+감성적 가치
- 가치를 기획하고 전달하는 것이 마케팅

2) 마케팅의 핵심

- 차별성
- 창조성
- 혁신성

3) 마케팅이란?

- 생산자가 상품 또는 서비스를 소비자에게 유통시키는 데 관련된 모든 체계적 경영활동
- 마케팅은 상품과 서비스를 보다 효율적으로 판매하기 위해 소비자의 심리를 분석하거나 판촉을 펼치는 활동

❁ 마케팅(marketing) ➡ 『팔리는 시스템을 구축하는 일』

- 시장수요(needs)를 분석하고 그것을 상품과 서비스개발에 활용한다.
- 마케팅은 보다 효율적인 판매를 위한 활동이다.

❁ 판매(selling) ➡ 『파는 기술』

- 상품과 서비스를 어떻게 팔 것인지를 생각한다.
- 영업목표를 어떻게 달성할 것인가에 목표를 둔다.

【바로 결과물이 나오는 것은 판매(selling)이지만, 장기적으로 보면 마케팅이 큰 이익을 가져다 준다.】

9.2 마케팅계획 및 전략 수립과정

1) 마케팅계획 프로세스

(1) 상황분석

(1) 상황분석

- 시장환경
- 자사목표달성
- 고객동향
- 정부의 정책
- 관련업계 추이

(2) SWOT 분석

❁ SWOT 분석이란

(2) SWOT 분석

- 장점
- 약점
- 기회
- 위협

❁ SWOT 명칭의 의미

- **SWOT의 명칭:** S(Strength＝자사의 강점), W(Weakness＝자사의 약점), O(Opportunity＝기회 요소), T(Threat＝위협 요소)의 약자
- SWOT 매트릭스를 채워가면서 자사의 강점과 약점, 외부적인 측면의 기회와 위협요소를 평가
- SWOT 매트릭스를 분석하면서 자사의 강점을 활용한 사업 기회를 확보하고, 위협에 대한 대안 수립

〈스타벅스 SWOT 분석〉

Strength

- take out 커피 전문점 시장의 선도 기업
- 커피의 Quality(커피의 재발견으로 고급화)
- 종업원 중심의 기업문화 지향
- 브랜드 이미지 창조
- 오감 마케팅

Weakness

- 일회용품 사용
- 과도한 미국풍에 대한 반감
- 혼잡한 매장
- 다른 업체와의 경쟁
- 높은 가격
- 직영 매장 체제로 인한 높은 관리비용

Opportunity

- Speciality Coffee 시장의 확대
- 소비자들의 의식 전환
- 신세대 문화와의 결합
- 해외 경험자들의 증가
- 바쁜 일상 속 휴식 공간 제공
- 세계 경기 침체를 비용 절감의 기회로
- 다른 회사와의 연계를 통한 시너지 효과

Threat

- 커피전문점 간의 경쟁심화
- 불안정적인 원두 가격
- 외국 커피 전문점이라는 거부감

❁ 대관령 국제음악제의 SWOT 분석

강점(Strength)

- 국내에서 시작되는 국제적 규모의 음악학교와 같이 운영되는 음악제
- 대관령 국제음악제 상주악단인 세종솔로이스트의 높은 국내외의 인지도
- 세계적인 음악제에서 활동하고 있는 교수진에 대한 높은 호감도

약점(Weakness)

- 대관령 국제음악제(장소성)
- 전문 콘서트 홀 등의 인프라 미흡-저예산과 전문 인력 미비

기회(Opportunity)

- 휴양지에서 벌어지는 음악의 향연-여름 휴가철의 관광객 흡수 효과
- 강원도에서 벌어지는 국제음악제에 대한 세계인의 관심 고조

위협(Threat)

- 지리적으로 수도권과 이격
- 행사장 주변의 인프라 미흡-전문 분야에 대한 대중들의 관심 부족
- 비슷한 시기의 다수 페스티벌 존재

(3) 마케팅 목표설정

- (3) 마케팅 목표설정
  - 고객만족
  - 제품·서비스 이미지 제고
  - 이윤 증대
  - 매출액 향상
  - 수익성 증가
  - 시장점유율 확충
  - 사업확대

(4) 마케팅전략 도출

- (4) 마케팅전략 도출
  - 마켓세분화
  - 목표시장
  - 포지셔닝

(5) 4P

- (5) 4P
  - 제품/콘텐츠 개발
  - 가격
  - 커뮤니케이션
  - 유통
  - 브랜드 파워

(6) 실행/평가

- (6) 실행/평가
  - 목표 대비
  - 경쟁사 대비

2) 마케팅전략 프로세스

(1) 마케팅전략 과정

(2) 마케팅전략 수립과정

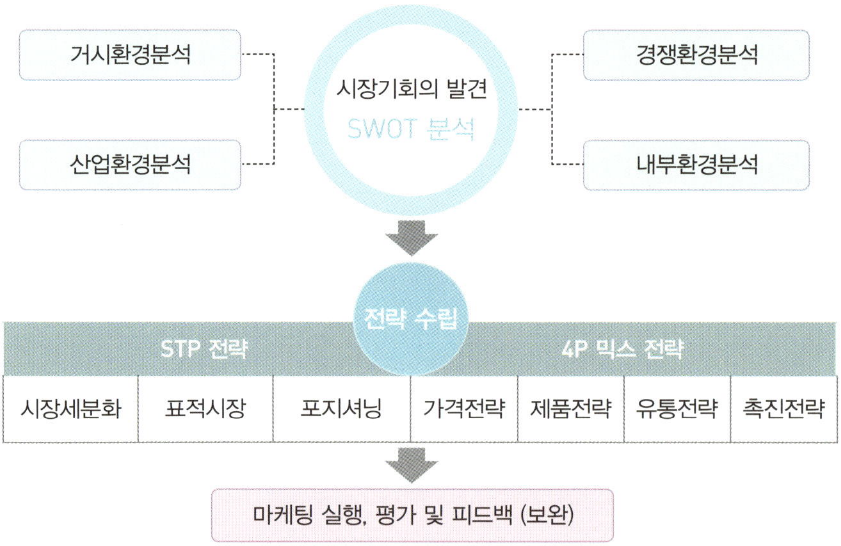

(3) 마케팅의 목표 · 시장세분화 · 포지셔닝

1. 마케팅의 목표

▶ 전략적 목표

- 사업확대
- 고객만족
- 제품이미지 제고

▶ 재무적 목표

- 이윤 증대 – 매출액 향상
- 수익성 증가
- 시장점유율 확충

2. 시장세분화

▶ 분류기준

- 시장크기
- 시장잠재력
  - (1) 대중마케팅
  - (2) 일 대 일 마케팅

〈STP 전략〉

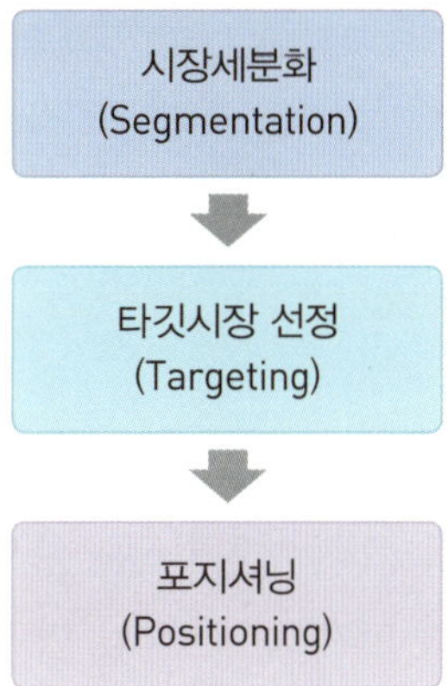

〈세분시장의 분석〉

분석요소	평가항목
시장의 외형 평가	• 시장 잠재력 • 시장의 규모 • 시장성장률
고객의 특성평가	소비자의 필요와 욕구

3. 포지셔닝(positioning)

- 세분화된 시장에서 제품차별화를 통해 경쟁우위를 확보하는 방법
  - (1) 속성에 의한 포지셔닝
  - (2) 이미지 포지셔닝
  - (3) 사용상황이나 목적에 의한 포지셔닝
  - (4) 제품사용자에 의한 포지셔닝
  - (5) 경쟁제품에 의한 포지셔닝

〈포지셔닝의 과정〉

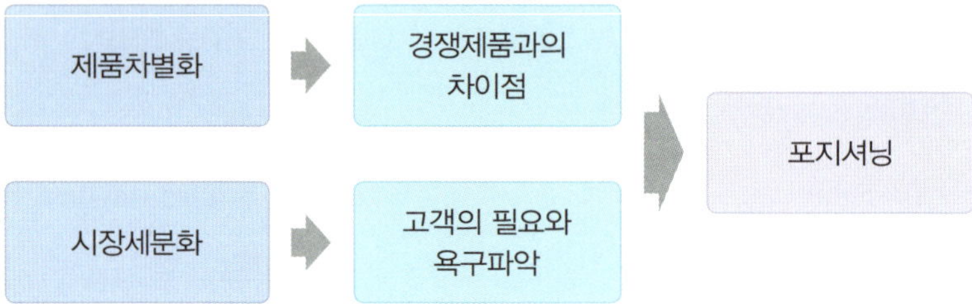

4. 인터넷 마케팅

- 인터넷 마케팅(internet marketing)은 인터넷을 통해 마케팅하는 것을 말한다.
- 웹 마케팅, 온라인 마케팅 또는 e-마케팅으로도 알려져 있으며, 제품이나 서비스가 인터넷상에서 마케팅활동이 행하여지는 것을 의미한다.

인터넷 마케팅

leadonmk.tistory.com

5. 소셜미디어 마케팅

- 소셜미디어 마케팅(social media marketing)은 연결되어 있는 다양한 소셜미디어의 고객접점을 통해 고객 니즈(needs)를 파악하고, 고객과 대화로 지속적인 관계를 유지해 나가는 활동이다.

- 기존의 일반마케팅과의 차이점은 고객이 자발적으로 블로그 및 트위터 등을 활용해 기업의 제품이나 서비스에 직접 개입한다.

소셜미디어 마케팅

❁ 지역 마케팅

- 마케팅 전략기법을 이용해 장소성에 기반한 지역 고유의 상품을 개발하여 지역의 경제문화 등의 경쟁력을 높이는 마케팅

  지역 마케팅의 예: 지역별 국제 영화제, 특산물 축제, 드라마 세트장

❁ 국가브랜드 마케팅

- 국가브랜드는 그 국가가 제공하는 다양한 서비스와 모든 상품의 가치를 의미한다.

  국가별 브랜드 슬로건의 예: Incredible India, Malaysia Truly Asia, Amazing Thailand

9.3 4P와 STP

1) 4P

- 제품(product) ⟶ 제품전략
- 가격(price) ⟶ 가격전략
- 유통(place) ⟶ 유통전략
- 촉진(promotion) ⟶ 촉진전략

〈Diagram of the 4P's of Marketing〉

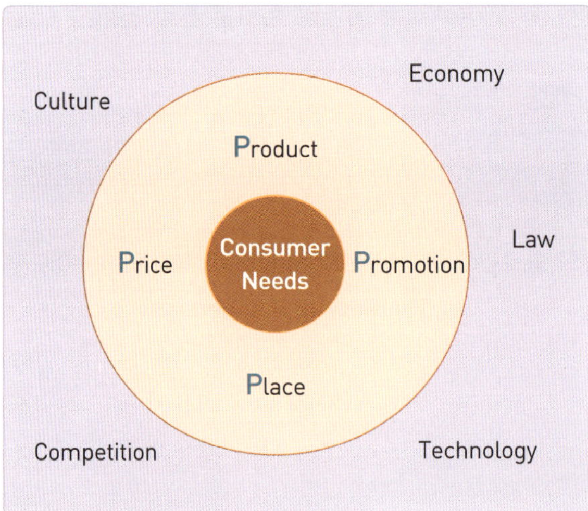

OCW.mit.edu

(1) Product

복잡함 or 단순함

기능 or 디자인

(2) Price

- 만족기반 가격
- 관계기반 가격
- 효율성기반 가격
- 인식가치 가격

(3) Place

- 입지
- 유통 채널

(4) Promotion

2) 마케팅의 4P전략

- 마케팅에는 제품, 촉진, 유통, 가격 등 4가지 주요 전략이 있으며 이 4가지 전략들을 어떻게 적절하게 유기적으로 잘 세우느냐에 따라 성공이 좌우된다.

제품전략(Product)

- 어떤 상품을 어떻게 만들 것인지, 포장과 상표는 어떻게 할 것인지 등을 계획하는 전략이다.

촉진전략(Promotion)

- 인테리어 디자인은 어떤 식으로 하고, 무슨 간판을 부착하며, 어떤 전단지를 만들고, 광고는 어떻게 할 것인지 등을 계획하는 전략이다.

유통전략(Place)

- 어디서 어느 방법으로 팔며, 운반은 어떻게 하고 어떤 장소에 보관할 것 등을 계획하는 전략이다.

가격전략(Price)

- 제품원가, 관리비용, 투자자금, 기대수익, 유사제품의 가격 등을 고려하여 합리적인 가격을 계획하는 전략이다.

3) STP(segmentation, targeting, and positioning) 분석

STP 전략은 조사분석을 토대로 시장 내 포지션을 정하는 단계이다.

〈STP 전략 프로세스〉

시장분할(Market Segmentation)

1. 시장분할을 통해 마케팅 기반구축
2. 분할된 시장별 프로파일 분석

↓

목표집단 마케팅(Target Marketing)

3. 분할된 시장별 매력도 평가지표 개발
4. 목표집단(Target Segment) 선정

↓

마켓 포지셔닝(Market Positioning)

5. 목표집단에 대한 포지셔닝 전략
6. 목표집단에 대한 마케팅믹스(Marketing Mix) 전략

- 시장세분화(market segmentation)
- 목표시장의 선정(market targeting)
- 포지셔닝(positioning)

(1) 시장세분화(market segmentation)

- 전체시장을 세분화시키는 것이다.
- 동일한 상품이라도 소비자의 욕구는 다양하기 때문이다.
- 고객이 누구인지 알리는 것이다.

(2) 목표시장 선정(targeting)

- 목표시장 선정방법: 제품과 시장
- 타깃 요소: 규모, 수익성, 성장성, 경쟁상황
- 전략요소: 획일화, 차별화, 집중화

〈STP(시장분할 · 표적집단 · 포지셔닝)의 흐름〉

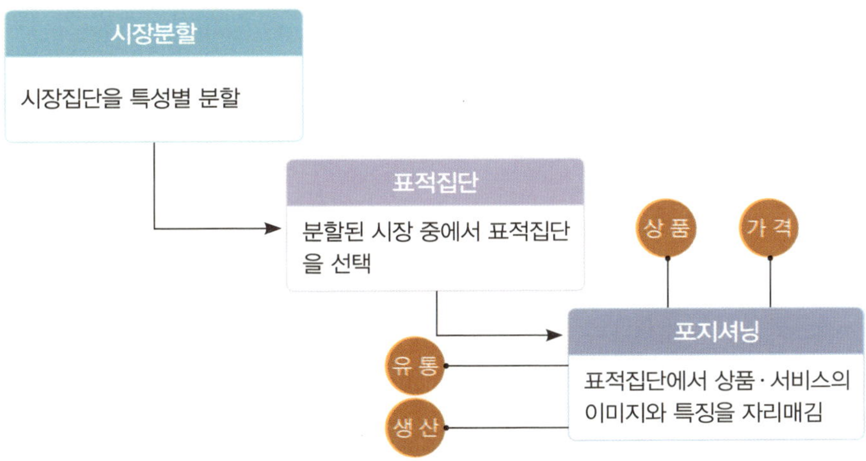

(3) 포지셔닝(positioning)

- 자사의 제품이나 서비스를 경쟁자로부터 분리시켜 자리매김하는 것이다.
- 포지셔닝은 경쟁자와 비교되는 마음속의 인식이다.

Segmentation

- 시장은 어떻게 나누어지는가?
- 나누는 기준은 무엇으로 하는 것이 바람직한가?
- 연령계층
- 가치 & 라이프 스타일
- 국가 & 지역 & 도시
- 구매력
- 이용도
- 매출액

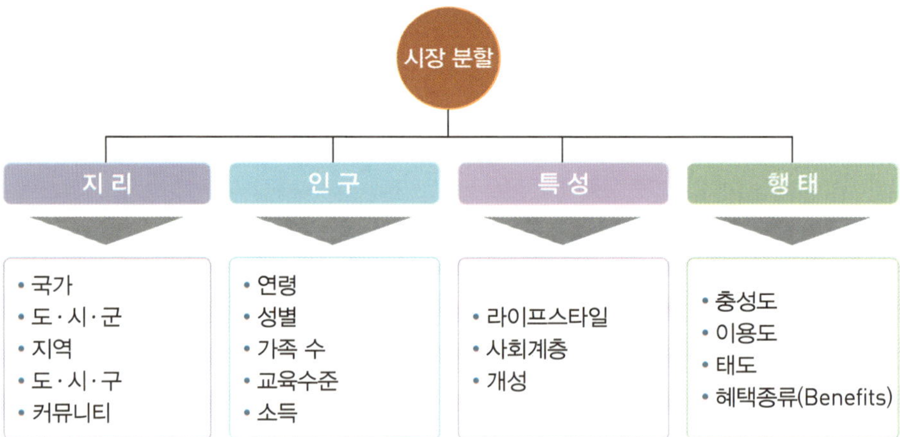

❁ Targeting

- 세분시장의 매력도
- 자사의 역량
- 경쟁 강도

❁ Positioning

- 목표 고객의 마음속에 자사 상품의 이미지를 자리 잡게 하는 것
- Walt Disney
- Benz, BMW, Starbucks

〈Positioning〉

9.4 마케팅 영역의 예

1) 공익 마케팅

- 사회적 마케팅(Social Marketing): 윤리적 소비촉진

  예: 금연 캠페인

- 사회지향적 마케팅(Societal Marketing): 소비자의 니즈뿐만 아니라 사회의 이익도 고려한 마케팅

  예: 사회지향적 기업이라면 어린이들이 선호하는 비만을 유발할 가능성이 큰 과자 등에 대한 판매중지 또는 역마케팅을 노력해야 함

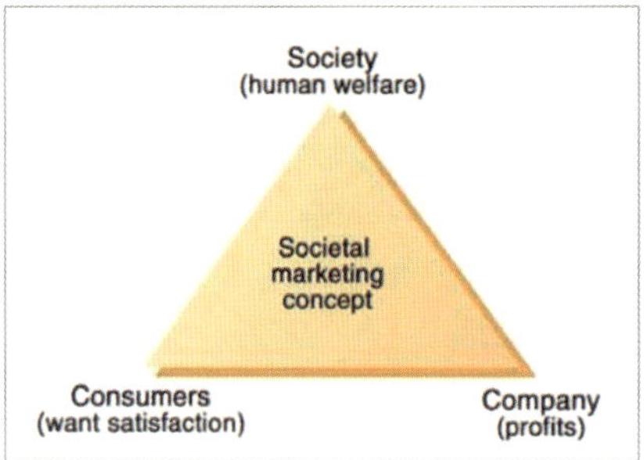

www.assignmentpoint.com

Societal Marketing Concept

www.amazon.com

Social Marketing: Influencing Behaviors for Good

2) 스포츠 마케팅

- 두 가지 의미: 스포츠 자체를 마케팅하는 것, 스포츠를 마케팅 활동에 이용하는 것

  예: 삼성전자의 Chelsea 후원, LG전자의 F1 후원

www.sportsnetworker.com

3) 문화 마케팅

- 문화 마케팅이란 문화를 토대로 소비자와의 원활한 교환을 통해 기업과 문화의 가치를 창출 및 제고하는 활동
- 문화예술은 감성의 코드이고, 마케팅은 커뮤니케이션 전략이다.

  예: 현대카드, 삼성카드 등

www.lifentalk.com

〈전통적 마케팅과 문화 마케팅의 비교〉

4P	전통적 마케팅	문화 마케팅
Product	편익과 기능 강조	이미지· 느낌 강조
Price	합리적인 가격 또는 할인가	문화 프리미엄 부가
Place	대형· 전문 유통매장	문화공간 등으로 유통매장화
Promotion	미디어 광고, 입 소문 등	문화이벤트, 직접 체험 등

Chapter 10

도시마케팅

10.1 세계도시의 도시마케팅은?

1) 세계 주요도시의 도시마케팅 예

- 뉴욕시의 도시마케팅 부서는 'I Love New York'이라는 브랜드 슬로건으로 '세계의 수도, 세계 제1의 도시' 이미지 마케팅을 하고 있다. 뉴욕시는 브랜드 가치증대를 통해 도시에게는 경제의 지속적인 성장, 비즈니스 기업에게는 수익 향상, 시민에게는 자존감(civic pride)을 제공한다.

www.thejackchronicles.com

- 광산도시, 공업도시였던 빌바오는 프랭크 게리라는 건축가가 설계한 구겐하임미술관으로 인해 세계적인 문화도시로 거듭났다. 인구 35만인 이 도시에 한 해만 300만 명의 관광객이 방문하였으며 한 해 동안 발생한 직접적인 경제 효과만도 약 2,000억원에 이른다.

www.guggenheim.org

View of the Guggenheim Museum Bilbao

- 홍콩 디즈니랜드(Disneyland in Hong Kong)는 아시아 도시의 휴가 방문객, 가족단위 여가관광객의 30%를 흡수하고 있다.

brunch.co.kr

- 에든버러 국제예술제는 연간 1,000만 명의 외국 방문객을 끌어들인다. 이들이 이 도시에 쏟아 놓는 돈이 2,000억 달러라는 도시경제효과를 내고 있다.

m.blog.daum.net

monthly.chosun.com

에든버러 페스티벌 중에서도 가장 볼거리인 에든버러 타투

- 미국 텍사스 주의 어스틴(Austin)시는 도시마케팅 담당조직(Convention & Visitor's Bureau)을 만들어 방문객, 창조계급유인, 컨벤션 유치를 위해 홍보, 판촉업무에 주력하고 있다.

knowusa.net

미국 내 대도시 가운데 가장 살기 좋은 곳으로 어스틴을 1위에 선정(월렛 허브(WalletHub)의 평가)

- 인구 400만의 작은 나라 뉴질랜드는 '100% Pure'라는 슬로건으로 이국적인 문화와 장엄하고 순수한 자연경관을 가진 나라로 차별화에 성공했다. 그 결과 '반지의 제왕'의 촬영지로 선택되었을 뿐 아니라 매년 300만 명의 관광객이 방문했으며 수출액 또한 브랜드 설정과 영화 촬영지 선정 전보다 5~7배의 성장을 기록했다.

www.travelhoju.com.au

뉴질랜드 남섬의 풍경

snucm61us.net

뉴질랜드 반지의 제왕 촬영지 리마커블산

- 런던은 역사와 전통을 기반으로 한 도시재생과 문화인프라를 확충함과 동시에 관광 콘텐츠를 개발하여 역사교육 및 관광장소, 축제의 장으로 활용하고 있다. 런던시가 지향하고 있는 'Creative London'에 걸맞게 시대를 모두 아우르는 다양한 문화예술 콘텐츠인 뮤지컬, 연극, 오페라 및 각종 공연 등을 창작해 내어 명실공히 공연중심의 문화예술도시로 도시마케팅을 하고 있다.

kr.123rf.com

2) 도시마케팅의 개념

(1) 도시마케팅이란?

❁ 도시마케팅은?

- 도시를 관광, 비즈니스, 쇼핑을 통한 방문객 유치하는 활동
- 도시의 가치, 고유성, 정체성을 상품화하려 판매하는 활동
- 문화, 주거, 녹지, 창조산업 등으로 도시를 매력적인 공간으로 조성하여 판촉하는 활동

❁ 도시마케팅의 목적

- 기업이나 비즈니스의 수익증대
- 일자리 창출
- 소득증대
- 도시민의 자존감 향상
- 커뮤니티의 결속

en.wikipedia.org

❁ 도시상품의 소비자

- 투자자
- 기업
- 관광객
- 방문객

- 상품마케팅론에서 시작된 도시마케팅론은 도시를 하나의 상품으로 인식하여 도시의 여러 가지 요소들을 통하여 수익 창출을 위한 상품판매 전략으로 다루고 있다.
- 도시마케팅은 기존의 긍정적인 이미지를 더욱 강화하고 부정적인 이미지를 개선하여 그 도시만의 특성과 매력을 살리기 위한 전략이다.
- 도시마케팅은 도시민들의 애착심과 자긍심을 고조시키며, 외부인들에게는 방문하고자 하는 동기 부여를 제공한다.

vancouver.ca

Public art | City of Vancouver

www.youtube.com

www.pinterest.com

City Marketing in Europe

(2) 도시마케팅의 역할

- 도시마케팅은 도시를 하나의 경영 및 마케팅의 대상이자 상품으로 인식하면서 최근에는 삶의 질적 수준, 투자, 무역, 경제 산업 등 다양한 분야에 총체적으로 기여한다.
- 도시마케팅은 도시의 이미지 등 무형·유형의 가치들을 고객과 커뮤니케이션함으로써 지속가능한 관계를 형성해 가는 데 기여한다.
- 도시공간에 의해 실현되는 물리적 영역과 문화적 삶의 추구로서의 정신적 영역을 토대로 한 도시마케팅이 도시의 질적 가치를 높여주는 역할을 한다.
- 도시마케팅은 다른 도시와의 경쟁력을 가질 수 있는 원동력으로서 활용될 수 있다.

www.bartlett.ucl.ac.uk

Staging the New Berlin: Urban Marketing

3) 지금 우리 도시의 도시브랜드 마케팅은?

(1) 우리 도시의 도시브랜드 마케팅은?

- 도시브랜드와 도시마케팅이 도시경쟁력을 이끌어가는 핵심요소라는 인식이 부족하다.
- 도시를 어떻게 브랜딩하고 마케팅해야 하는가에 대한 고민과 노력이 부족하다.
- 도시브랜드를 부서별 업무와 관련시켜 활용하고 관리하는 도시거버넌스 구축이 미흡하다.
- 도시별 다른 도시와 비교하여 아직 차별적 도시이미지가 형성되어 있지 않다.

wsp.wooribank.com

korea.stripes.com

The Walled City of Suwon

- 도시의 경쟁우위 달성을 위한 도시브랜드 경영전략이 수립되어 있지 않다.
- 도시브랜드가 도시별로 유사하여 도시의 고유성, 특성 등을 읽기가 쉽지 않다.
- 브랜딩을 위한 조직설계, 업무 및 프로세스 기획, 참여자 간의 협력적 거버넌스가 구축되어 있지 않다.

남양주 다산 정약용 유적지

송도 국제도시

(2) 우리의 도시마케팅의 현주소

- 도시마케팅에 대한 개념은 1990년대 초반 이후 우리나라 도시와 지역에 본격적으로 소개되기 시작하였다.
- 도시마케팅 관련 이론 및 실무경험이 도시정책의 실제 도시현장에서 효과적으로 사용되지 못하였다.
- 도시마케팅 관련 법이나 제도와 조직이 제대로 정비되지 않은 상태에서 도시마케팅 개념이 도입되어 도시마케팅 패러다임 본래의 특징과 실효성을 살리지 못하고 있다.
- 도시 장소마케팅 및 브랜드에 대한 이론과 방법에 대한 체계적인 연구가 부족하여 현실적용이 쉽지 않았다.
- 도시마케팅은 축제나 이벤트를 수행하는 정책이나 이벤트로 해석되어 적용되어 왔다.

〈단양의 비전과 도시브랜드의 관계〉

2007년 한국생산성본부에서 실시한 지역 브랜드 컨설팅 용역 수행 결과 단양지역 브랜드가 추구해야 할 비전의 방향성 도출 → 전통의 제반 자산을 활용한 외부고객의 내부유입

제반 자산

- 볼거리, 먹을거리가 많은 지역
- 역사, 유적지가 많은 지역
- 관광 자원이 많은 지역

활용방안

- 위락, 숙박 등의 관광 인프라 개선
- 지역 축제에 대한 체계적 관리
- 서비스 경쟁력 강화를 위한 군민의식 전환

↓

단양의 미래비전 및 정체성을 담은 도시브랜드 개발을 통한 인지도 확산

자료 : www.dy21.net

- 도시마케팅의 주요 전략인 도시브랜딩 전략은 해당 도시나 지역의 상품브랜드를 개발하여 홍보하는 것에 그치고 있다.

(3) 우리 도시마케팅이 추구해야 할 가치와 방향은?

- 도시의 역사, 문화, 전통, 가치, 산업, 예술 등을 기반으로 도시성(Cityness) 또는 장소성(Place Identity)을 찾아내어 방문객을 끌어들여야 도시경제가 살아나게 된다.
- 도시의 정체성을 발굴해 내면서 글로벌 차원에서 경쟁도시와 차별화될 수 있는 포지셔닝(Positioning) 작업이 우선적으로 요구된다.
- 도시의 창조산업(Creative Industry) 등의 유치를 통해 도시경제성장의 견인차가 될 수 있도록 도시마케팅 전략을 세워야 한다.
- 랜드마크(Landmark)나 아이코닉 장소(Iconic Place) 등의 재발견을 통하여 리포지셔닝(Repositioning)하는 등 끊임없는 도시브랜드관리 전략이 요구된다.

vk.com

twitter.com

- 도시의 정체성과 이미지를 유지할 수 있는 도시브랜드 관리조직과 브랜드 관련 네트워크 구축이 필요하다.
- 도시브랜드 형성과 지속적인 관리를 위한 부서 직원, 시민단체, 시민의 도시브랜드 관련 아이디어를 수용하는 협력적 네트워크를 구축해야 한다.

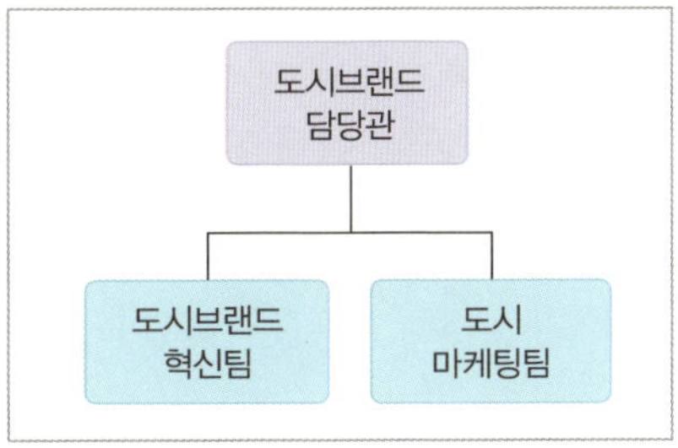

www.daegu.go.kr

- 도시의 브랜드와 상위기관(도, 국가 등) 브랜드와의 브랜드적 거버넌스가 이루어질 수 있도록 조화와 소통이 수반되어야 한다.

m.blog.daum.net

대구시

www.daegu.go.kr

10.2 도시마케팅은 어디서 왔나?

1) 도시마케팅이 일어난 배경

- 세계도시 속에서 도시 간의 경쟁은 노동비, 원자재(원료)에 대한 질과 접근성 등의 생산요소로부터의 경쟁으로부터 삶의 질, 정주환경, 쾌적성, 문화성, 장소성 등의 소비요소 간의 경쟁으로 급격히 전환되고 있다.
- 소비요소 간의 경쟁시대로의 돌입은 도시경쟁력 강화를 위한 투자 유치뿐 아니라 도시이미지 재구축과 새로운 이미지 메이킹을 적극적으로 유도하고 있다.
- 요즘처럼 국가, 민족, 지역간의 경계가 사라지는(borderless) 시대에 있어서 국가, 도시, 지역 간의 경쟁은 치열한 경쟁의 상황에 들어갔다고 할 수 있다.
- 사람과 자본 기업의 활동영역이 넓어지고 도시들마다 새로운 투자를 끌어들이고, 창조계급을 유치하기 위한 노력을 펼치고 있다.
- 도시들은 도시촉진 프로그램 등을 통해 투자유치와 관광수입 등을 올리기 위해 치열한 경쟁을 해오고 있다.
- 이에 따라 도시들이 도시의 철학과 정체성을 기반으로 차별화된 브랜드를 통해 도시마케팅에 한발 앞서 나가고 있다.

■ 도시마케팅이 탄생한 이론적·실천적 배경

① 사회적 마케팅(societal marketing)과 이미지 마케팅(Image Marketing) 기법이 도시마케팅에 접목

- 도시마케팅의 이론과 실무는 사회적 마케팅에 뿌리를 두고 있다. 사회적, 공공적 편익에 기반을 둔 사회적 마케팅의 개념은 공공행정을 근간으로 하고 있는 도시마케팅에 적용되기에 이르렀다.
- 사회 지향적 마케팅은 마케팅 학계의 거장인 코틀러(Philip Kotler) 등이 주창한 개념으로, 소비자의 니즈뿐만 아니라 사회의 장기적 이익도 고려하는 마케팅을 의미한다. 사회마케팅(Social Marketing)이라는 용어도 있지만 이는 성격이 상당히 다르다. 사회마케팅은 사회의 공익 이슈 자체를 마케팅하는 것, 예를 들면 금연이나 음주운전 방지 캠페인 같은 것이다.
- "이미지 자체를 시장에 팔 수 있다"라는 개념의 이미지마케팅은 도시행정가들에게 도시이미지도 상품이 될 수 있다는 시각을 심어주게 되었다.

② 기업주의(entrepreneurialism)철학의 도시적용

- 경영기법 중에 촉진전략은 도시마케팅 도입 이전에 이미 도시경영에 적용되어왔다. 1990년대에 들어서서 비로소 장소경영(place management)의 개념이 도시마케팅 분야에 접목되기 시작하였다.
- 도시정부에 도시마케팅이 스며든 것은 장소경영과 더불어 '기업가적 도시(entrepreneurial city)'라는 패러다임의 탄생과 연관된다고 할 수 있다.
- Griffiths(1998)는 포드주의 경영방식이 붕괴되면서 각 도시에서는 도시 거버넌스(governance)의 하나의 방식으로 도시마케팅을 채택하기에 이르렀다고 한다.
- 도시들이 기업주의 패러다임을 도입함에 따라 도시도 비즈니스적(business-like)인 방식으로 경영해야 한다는 관점이 자리를 잡기 시작한다. 이는 도

시들에게 창조성, 촉진,이윤동기를 다른 경영전략은 쉽게 도시정부에 접목 시키기가 힘들었다.

도시정부에 마케팅을 적용하기 힘든 이유

- 도시행정가들의 도시마케팅에 대한 이해부족
- 공공분야에 마케팅이 최근에서야 접목
- 마케팅 전문가의 장소와 공간에 대한 제한적인 이해와 인식

③ 도시행정가들의 실천적 경험

- Hanningan(2003)은 1980년대 후반부터 유럽과 북미도시에서 일어난 재정위기, 탈산업화, 세수감소 등이 탈규제, 민영화라는 정책대안으로 떠오르자 도시마케팅도 부각되었다고 한다.
- 도시경제가 침체위기에 빠져들고 도시행정가들이 도시경제를 살리기 위한 자구책을 모색하기 시작한다(Barke, 1999). 이러한 도시의 위기는 도시행정가로 하여금 도시정부에 인센티브, 촉진, 이윤이라는 경영가치의 접목을 요구하게 된다. 도시마케팅이 이러한 정책목표에 수단적인 역할을 하게 된다.
- Ashworth(1994)는 도시마케팅분야는 기업마케팅의 용어, 기법, 철학이 적용될 수 있는 여건을 가지고 있다고 한다. 그는 도시마케팅에서는 도시에 적합한 공공마케팅 기법이 개발되어야 함을 강조한다.
- 비영리마케팅의 개념이 기업마케팅 원리를 공공분야에 적용하는 동기를 부여하게 된 것이다.
- 이미지가 상품이 될 수 있다는 생각이 싹트기 시작하면서 이미지 마케팅이 서서히 도시마케팅에 접목하기 시작했다(Ashworth and Voogd, 1994).

2) 도시마케팅믹스

(1) 마케팅믹스(Marketing Mix)란?

- 마케팅믹스(marketing mix)를 도시브랜드에 접목시키는 논리와 방법에 대하여 도시마케팅 분야에서 학문적인 컨센서스가 이루어지고 있다.
- 마케팅 분야에서는 다양한 마케팅 전략을 구사하는 기법으로 마케팅믹스라는 방법이 있다. 마케팅믹스(Marketing Mix)란 여러 가지 형태의 마케팅 수단들을 경영자가 적절하게 결합 내지 조화해서 사용하는 전략을 의미한다.

(2) 도시마케팅 전략으로서의 마케팅믹스

도시도 그들의 타깃 고객층을 만족시키기 위해서 도시의 상품(Product), 가격(Pricing), 장소(Place), 촉진(Promotion)의 크게 4가지로 나뉘는 도시마케팅 전략을 적절하게 섞어서 사용할 수 있다.

- 도시에서도 마케팅 전략의 적절한 혼합(marketing mix)을 통해 도시가 추구하는 목표를 달성할 수 있다는 시각이 생겨나기 시작한 것이다.
- 그러나 근본적인 이슈는 도시의 어느 요소에 어떤 마케팅믹스를 적용하는지에 대한 것이다. 일부 도시전문가들은 도시서비스 믹스를 마케팅믹스로 활용할 수 있다는 입장이다.
- Ashworth and Voogd(1990)는 지리적 마케팅믹스로 개념화할 수 있다고 주장한다.

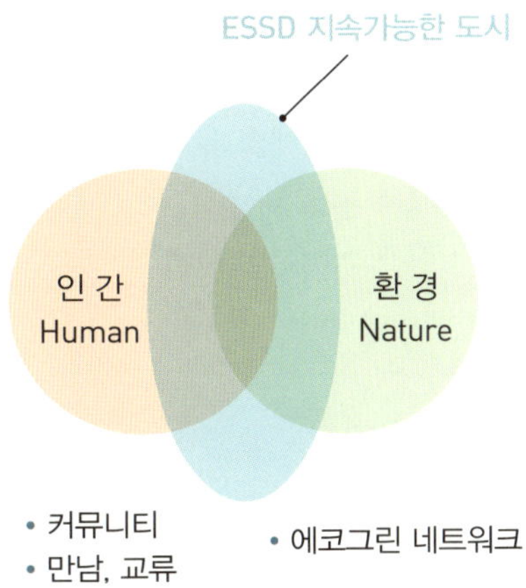

지리적 마케팅믹스(Ashworth and Voogd(1990))

* 촉진전략
* 공간-기능적 전략
* 조직적 전략
* 재정적 전략

- Kotler et al.(1999)는 도시경쟁력을 갖추기 위한 4개의 마케팅믹스를 내놓고 있다.

Kotler의 도시경쟁력 강화 마케팅믹스

* 특징(place as character)
* 환경 및 인프라시설(place as fixed environment)
* 기본 서비스(place as service provider)
* 매력장소(places as entertainment and recreation)

- Hubbard and Hall(1998)은 기업가적 모델도시의 거버넌스를 주장하면서 기업가적 도시마케팅믹스를 제시한다.

Hubbard and Hall의 기업가 도시적 마케팅믹스

* 광고와 촉진
* 대형 재개발사업
* 공공예술 및 공공조형물
* 문화 재생
* 관민 파트너십

10.3 도시이미지(City Image)

1) 도시이미지란?

- 도시이미지는 그 지역의 제품과 서비스만이 아니라 훨씬 광범위한 요소들로 인해 통제가능 영역이 매우 넓고 복잡하며, 기업의 이미지 형성과정이나 구조와는 다른 특성을 나타내고 있다.
- Kevin Lynch(1960)는 '도시란 사람들의 마음에 그려지는 이미지'라고 말한다. 즉 심상(心像)이라고 말할 수 있다. Lynch는 도시에 있어서 유형적인 것 외에 무형적인 이미지의 중요성을 강조하였다. 그는 사람들의 마음에 이미지를 그려 넣는 능력을 이미지 능력(Imageability)이라고 보았다. 이미지 능력을 높이는 일이야말로 아름답고 즐거운 환경을 위한 기본적인 요건이라고 하였다.

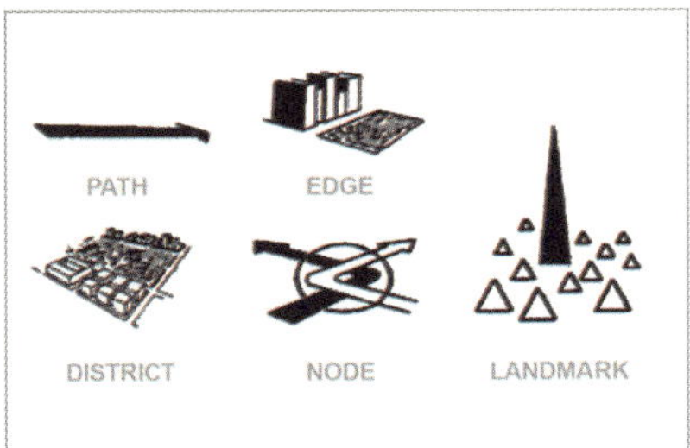

twitter.com

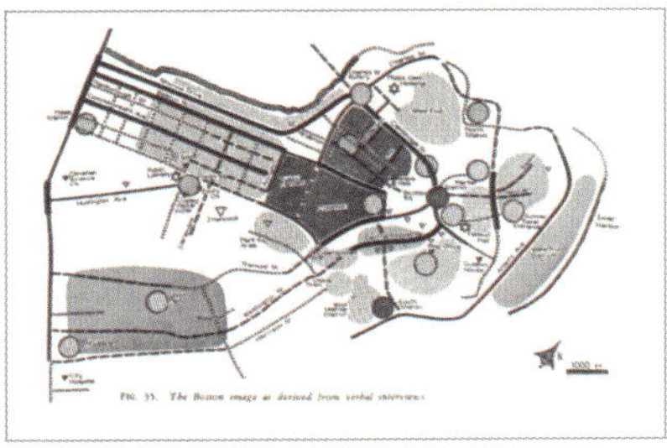

www.citylab.com

케빈 린치의 도시이미지 구성요소

- 장소의 이미지는 '인식(cognition)의 정신적 프로세스(mental process)에 의해 정보로 처리되어 사람들의 가슴에 새겨지게 된다. 사람들은 복잡다기한 주변의 환경을 정신적 지도(mental map)라는 네비게이션을 토대로 방향성을 잡고 장소감을 획득하게 된다.
- 도시마케팅믹스에서 중요한 역할을 하는 도시의 구성요소가 도시이미지(city image)이다.
- 도시이미지는 촉진뿐 아니라 여러 다른 마케팅전략에 의해서도 상호연관성을 지닐 수 있다. 예컨대 공공디자인 전략은 도시이미지를 개선 또는 약화시킬 수 있다.
- 도시는 지각과 이미지에 의해 사람들에게 각인되는 점을 감안한다면 도시마케팅의 대상이 도시 자체라기보다 도시이미지에 초점을 맞추어야 한다.

Painted by Jaimu Won

❁ Crang, Hollowy & Hubbard의 장소감 형성의 3가지 과정

- 사람들은 3가지 과정에 의해 장소감(sense of place)을 느끼고, 마음속에 장소를 새겨놓을 수 있다(Crang, 1998; Hollowy and Hubbard, 2001).

* 도시디자인과 도시계획과 같은 계획에 의해서

* 고객이 장소를 직접 이용함으로써

* 영화, 소설, 회화, 뉴스 등 매체에 의해서

www.noticeboard121.org.uk

sense-of-place

DailyPainters.com

A Sense of Place contemporary landscape by artist Carolee Clark

artistsjournal.wordpress.com

A Sense of Place

artxchange.org

Marcio Diaz exhibition

2) 외면적 도시와 내면적 도시

- Graham(2002)은 도시에는 일반적으로 외면적 도시(external city)와 내면적 도시(internal city)의 2개 유형이 존재한다고 한다.

(1) 외면적 도시

여러 개의 기념비적인 상징물도 구성되어 있는 랜드마크 중심적 도시이다. 도시개발 또는 보존과 같은 외면적인 정책이 지나치게 펼쳐질 경우, 지역만이 가지는 고유한 지역성(local identity)이 약화되거나 나타나지 않는 결과가 도출될 수 있다고 한다.

- 세계 주요도시에서 도시마케팅을 위해 활용하는 외면적 도시 개발방식이 거의 비슷하다. 도시마다 유사한 고층빌딩, 도로, 도시철도 등이 도시의 주요 인프라를 형성하고 있다. 예컨대 큰 도로 위주의 대형 복합용도의 건물들이 이 도시 저 도시에 새롭게 둥지를 트는 것이다.
- Ashworth(2002)는 이를 두고 "high streets being 'Laura Ashleyised' from Dublin to Potsdam"(더블린부터 포츠담까지 모든 주요도시의 대로가 패션거리가 되는 현상)이라고 혹평을 한다.

all-free-download.com

Land Mark cities

Clipart.me

new york city travel icons

- Vermeulen(2002)도 시장자본주의의 압력으로 인하여 네덜란드의 도시에서는 해당도시의 도시문화적 뿌리가 없는 개발지향적인 건물군들이 도시경관을 망치고 있다고 한다.

www.shutterstock.com

World landmarks city

www.alexandriava.gov

Landmark Mall Residential Building

(2) 내면적 도시

- 내면적 도시는 내면지향적인 기억의 도시(mnemonic city)라고 할 수 있다. 내면적 도시는 포용과 소외에 대해 관심을 기울이면서 라이프스타일, 다양성, 다문화주의를 추구한다. 이런 관점에서 내면적도시란 도시민 각자의 개인 경험과 가치가 융합적으로 발현된 도시라고 할 수 있다. 그러므로 내면적 도시에서는 복잡하고, 중복되면서 애매한 미시지가 공존한다고 하겠다.
- 현실적으로 도시에서는 이런 두 가지 형태의 도시가 공존한다고 보아야 할 것이다.
- 여기서 이러한 도시에서 핵심은 '상호교류의 지점(point of interaction)'인데, 이 지점이 도시에 대한 지각(perception)을 느끼게 한다고 한다. 이 지점에서 일어나는 지각이 바로 도시이미지라는 것이다.

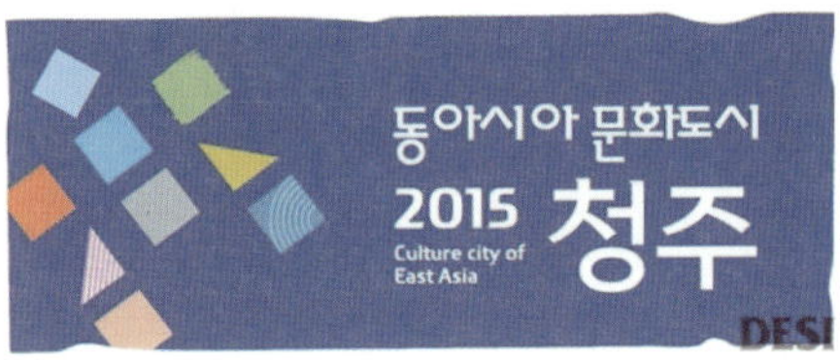

mdesign.designhouse.co.kr

www.shutterstock.com

- Kampschulte(1999)는 "도시이미지란 현실적 공간과 그 공간에 대한 지각이 연결되어 만들어진다"고 주장한다.
- 이미지는 부분적으로는 물리적 형태로부터 얻어지지만 대부분의 경우 집단기억을 만들어 주는 편견과 욕망으로부터 도출된다고 한다. 이런 관점에서 보면 도시계획가나 마케터들이 도시 자체보다는 도시이미지를 계획 대상으로 삼아야 함을 시사해주고 있다.

forum.skyscraperpage.com

Post-modern City. Chicago

www.dezeen.com

Postmodern City Image

- 도시이미지, 문화, 경험을 어떻게 조정하느냐가 도시 거버넌스(city governance) 측면에서 주요한 정책과제가 되고 있다.
- Cova(1996)은 포스트모던 시기의 이미지마케팅과 도시브랜드 경영은 서로 밀접한 관련성을 지니고 있다면서 이들은 포스트모던 마케팅에 중요한 역할을 한다고 힘을 준다.

3) Kavaratzis의 도시이미지 커뮤니케이션 모델

- 도시마케팅은 도시이미지, 커뮤니케이션, 그리고 경영에 의존하게 된다.
- 도시마케팅은 이미지와 지각이라는 매체를 기반으로 도시와 고객 간의 만남을 촉진하는 활동이다.
- 도시는 지각(perception)과 이미지를 통해 주민들에게 다가간다. 따라서 도시이미지를 도시마케팅 계획의 대상으로 설정할 필요가 있다. 이는 도시이미지가 방문객과 거주민들에게 도시마케팅해 주는 중요한 속성이기 때문이다.
- 도시마케팅의 논리적인 틀을 잡을 때 대상으로 하는 고객은 본질적으로 도시거주자이다. 이러한 전제는 도시의 경제, 관광, 개발 등 모든 정책들이 주로 도시 거주민들의 삶의 질을 향상시키는 데 있다고 보는 것이다.
- Kavaratzis(2004)는 이미지가 3차적 커뮤니케이션에 의해 형성된다는 입장에서 논리적인 틀을 제시하고 있다.

(1) 1차 커뮤니케이션

- 1차 커뮤니케이션은 4개의 전략으로 구성된다.

❁ 경관전략(Landscape Strategies)

- 경관전략은 도시디자인, 건축, 녹지공간, 공공공간 등과 관련된 정책이나 전략이다.
- 공공예술, 도시재생, 문화유산 등도 경관전략에 포함된다.

www.mdhs.org

Bladensburg, Maryland looking Northward

www.dreamstime.com

〈Kavaratzis의 도시이미지 커뮤니케이션 모델〉

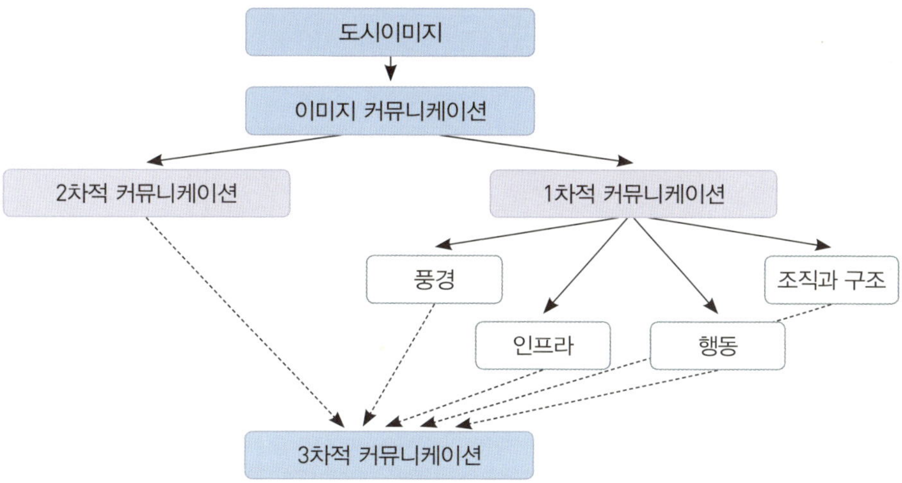

• 1차 커뮤니케이션 단계는 도시디자인과 도시마케팅이론과도 맞닿아 있다.

onheavenlycompulsion.wordpress.com

❋ 인프라스트럭처 전략(Infrastructure Strategies)

• 인프라 프로젝트는 해당 도시만의 독창적이고 고유한 형태로 볼 수 있다.

• 인프라는 도시의 전반적인 접근성(accessibility)을 높여주는 데 기여한다. 고객의 입장에서 공항이나 철도 등의 교통수단에 의한 활동거점에 대한 접근성이 우수해야 도시이미지가 올라가는 것이다.

• 미술관, 박물관과 같은 도시인프라도 역시 접근성이 양호하면 고객의 긍정정인 호감을 자아낼 수 있다.

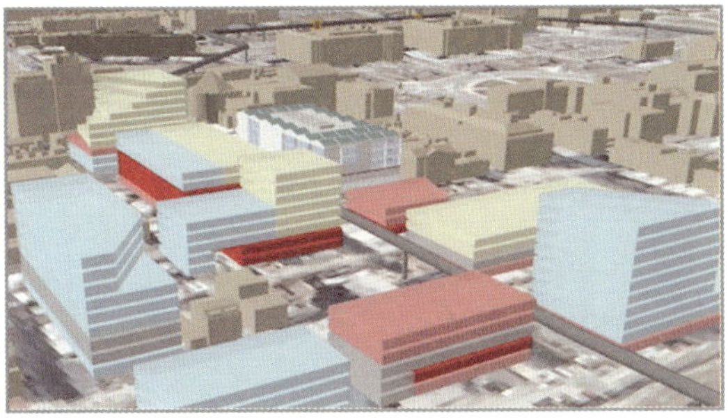

video.arcgis.com

Sketching a Transit Oriented Development in 3D ArcGIS Video

❁ 조직전략(Structure Strategies)

- 조직과 행정구조(Organizational and Administrative Structure)는 도시 거버넌스의 효과나 성과와 관련된다.
- 도시의 주요한 도시마케팅 정책과 관련된 의사결정에서 광범위한 커뮤니티의 시민들의 참여가 중요하다.
- 조직과 행정구조에서는 관민협력체계의 구축이 필요한 전략이 된다.

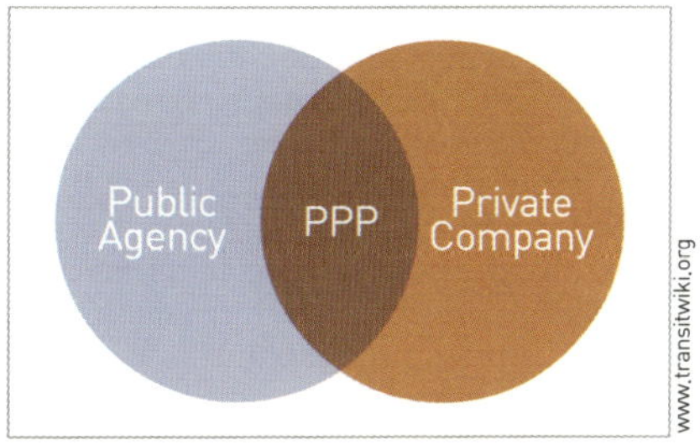

Public private partnership

❁ 행동전략(Behavior Strategies)

- 행동은 도시지도자의 도시에 대한 비전과 철학과 관련된다. 도시에서 이해집단(stakeholder)들에게 제공하는 각종 인센티브나 재정적 지원 등을 포함한다.
- 이러한 행동은 도시마케팅의 경험과 이벤트 지향적인 전략에 기반을 두고 있다.
- 도시마케터는 도시민의 삶의 도시의 쾌적성이 공존하는 도시로 만들기 위하여 창조성과 상상력을 지녀야 할 필요가 있다.

Amsterdam city brand by KesselsKramer

(2) 2차 커뮤니케이션

- 2차 커뮤니케이션은 공적이고, 도시마케팅 의지가 담긴 커뮤니케이션이라 할 수 있다.
- 2차 커뮤니케이션은 내·외부 광고, PR 그래픽 디자인, 로고 사용 등을 의미한다.

- 2차 커뮤니케이션은 전통적인 마케팅믹스의 촉진전략(promotion strategies)과 같다고 볼 수 있다.
- 2차 커뮤니케이션은 도시의 모든 속성과 요소들과 조화가 이루어져야 한다.
- 도시에 촉진할 상품과 서비스가 창조 또는 발현되어야 비로소 촉진활동이 가능한 것이다.

(3) 3차 커뮤니케이션

- 3차 커뮤니케이션은 구전으로, 또는 미디어에 의한 커뮤니케이션에 의해 이루어진다.
- 이 3차 커뮤니케이션 단계는 마케터의 통제영역을 벗어난다.
- 가장 소중한 고객인 도시 거주민의 입장에서는 1,2차 커뮤니케이션이 3차 커뮤니케이션을 강화시켜 준다.

Chapter 11

도시브랜드와 브랜딩이란?

11.1 도시브랜드란?

1) 도시브랜드란?

(1) 도시브랜드의 뜻

- 도시브랜드란 도시가 지니고 있는 전통, 가치, 영혼, 끼, 가치, 문화, 디자인, 쾌적성, 신뢰 등의 정체성을 의미한다.
- 도시브랜드는 한 도시가 다른 도시와 차별되기 위해 사용하는 이름,기호, 상징물이다.
- 도시브랜드는 해당 도시가 가지고 있는 독특한 매력을 가장 분명하게 나타내 줄 수 있는 상징이다.
- 도시브랜드는 도시의 품격과 같다.

www.slideshare.net

www.picreative314.com

seoul ecocity

cargocollective.com

Genova City Branding

- 도시브랜드는 도시공간을 이루고 있는 기능적, 상징적, 환경적 특성과 서비스, 하부구조 시스템, 역사와 전통 그리고 도시를 이루고 있는 그 문화 등의 요소들을 바탕으로 이루어져 있는 시스템이다.
- 도시브랜드는 정치, 경제, 사회 등 각 분야에 적용되어 통합적인 시너지를 발휘하는 원천이다.

〈도시브랜딩 · 비주얼 아이덴티티 · 로고 구성요소〉

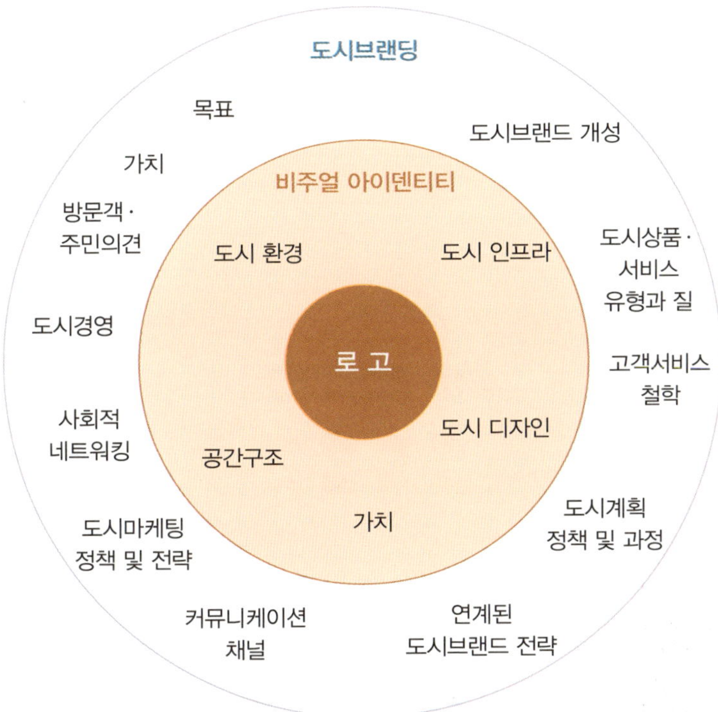

(2) 도시브랜드 정체성이란?

- 도시브랜드 정체성은 도시의 자산적 요소를 핵심역량으로 하여 대내적으로 구성원과 공유하고, 대외적으로 도시브랜드를 촉진하는 선언적 정체성을 의미한다.
- 도시브랜드는 도시의 특성과 이미지를 가장 잘 연상하여 전달할 수 있는 정체성과 차별성을 구비해야 한다.
- 도시이미지를 표현하는 다양한 매체들은 그 도시의 브랜드 정체성을 전달하는 주요한 수단이 된다.
- 도시브랜드에서는 정체성이 곧 도시의 브랜드 가치를 창출할 수 있는 원동력이 된다.
- 도시브랜드 정체성은 지방자치단체가 해당 행정구역을 대상으로 다른 도시와 차별화하기 위해 사용하는 도시의 명칭, 상징물, 디자인, 연상이미지 등의 결합체에 의해 표출되기도 한다.

fallschurchtimes.com

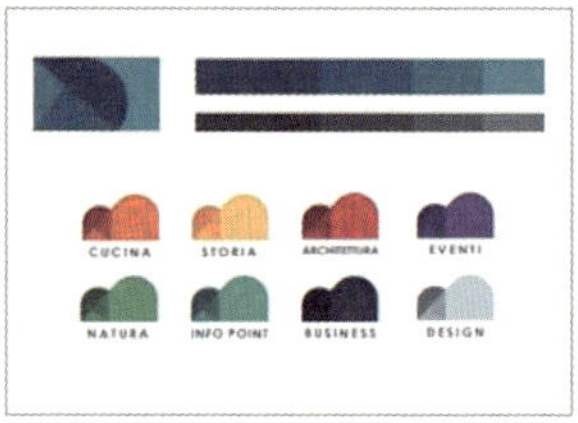

www.pinterest.com

www.siminsori.com

thevoiceof.hipshops.com

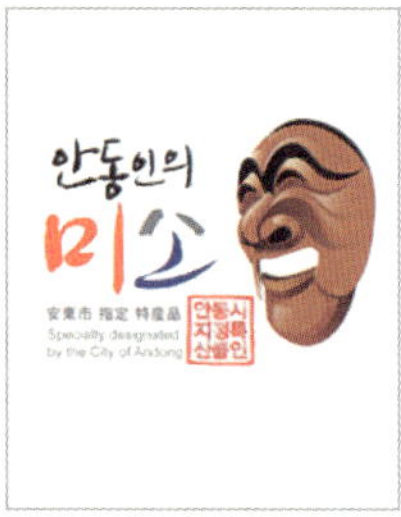

www.andong.go.kr

itunes.apple.com

www.kitchenprague.com

도시 브랜드 자산가치	=	도시브랜드 수익 (City Brand Income)	×	브랜드 파워지수 (Brand Power Index)
		가중평균 매출액×브랜드 영향력 지수 • 평가시점을 기준하여 과거 3년 GRDP • 브랜드 의존도: GRDP에 도시브랜드가 미친 영향력 • 인플레이션을 적용		Aaker(1991)의 브랜드 자산 구성요소 • 인지도 • 지각된 품질 • 기타 독점적 자산 • 연상이미지

❁ 도시브랜드 정체성의 사례

- 런던 → 정통성
- 파리 → 미학
- 뮌헨 → 품위
- 밀라노 → 독창성

www.detroitgt.com

www.shutterstock.com

fireflyworkshop.blogspot.com

Painted by Jaimu Won

www.etsy.com

San Antonio River Walk

(3) 도시브랜드와 도시이미지

- 도시브랜드는 고객에게 도시이미지를 연상하게 해주는 역할을 한다.
- 처음 방문한 도시에 호감을 느끼게 되면 그 도시에 서서히 관심과 호기심을 갖게 된다. 고객에게 그 도시의 좋은 이미지가 스며든 것이다. 그 관심은 도시브랜드에 대한 애착과 신뢰의 단계로 들어서게 된다.
- 이 도시브랜드에 애착을 갖게 되면 방문객의 도시에 대한 동경과 충성심을 유발하게 되어 도시를 재방문하게 된다.
- 도시브랜드는 해당 도시의 매력을 가장 정확하고 뚜렷하게 나타내 줄 수 있는 대표성이 있어야 한다.

www.shutterstock.com

wanelo.com

New York City Street Landscape

4-designer.com

• 도시의 브랜드 연상은 물리적 환경뿐만 아니라 도시 공간에서 일어나는 모든 활동들이 총체적으로 지각되어 나타나는 것이라 할 수 있다.

(4) 좋은 도시브랜드의 효과

• 명확하고 호의적인 도시브랜드는 차별화된 도시브랜드 자산의 형성을 가능케 한다.
• 멋진 브랜드는 도시를 방문하는 고객에게 경험적이며 상징적인 편익을 제공한다.
• 도시의 여러 속성이 잘 버무려진 도시브랜드는 통합된 가치를 형성시키는데 기여한다.

www.pinterest.com

Bologna City Branding

www.brandingserved.com

Brussels City Branding

2) 왜 도시브랜드가 필요한가?

(1) 차별화된 도시 아이덴티티의 필요

• 세계의 도시들이 경제, 금융, 공간구조, 이미지, 삶의 질 등에 있어서 동질화되어 가고 있다.

부산, 도시브랜드 10대 우수사업

1. 부산국제영화제 세계 3대 영화제 도약
2. 영화의 전당 관광 상품화 추진
3. 브릿지 오브 부산, 세계 명품화 추진
4. 부산시민공원 세계적 명품 숲 조성
5. 산복도로 르네상스 추진
6. 유튜브 해외마케팅 시도
7. 부산사랑 전국파워 블로거와의 만남
8. 부산불꽃축제 활성화
9. 갈맷길 브랜드화 추진
10. 로컬 푸드명품화(향토음식 홍보)

자료 : 부산시청

www.fnnews.com

saygj.com

광주시, '공유문화도시'를 도시브랜드로 육성

- 비록 도시별 차이는 있을지라도 어느 도시를 가더라도 유사한 숙박시설, 문화유산, 편의시설, 서비스를 제공해 준다. 각 도시는 다른 도시가 제공하지 못하는 독특한 가치를 창출하여 차별화시켜야 한다.
- 도시의 아이덴티티를 표현하는 브랜드를 창조하여 이를 통해 차별화시키는 전략이 필요해진 것이다.
- 다른 도시와 차별화된 질적 가치를 제고하기 위해 도시브랜드 아이덴티티를 제대로 정립한다.

Fly Incheon

www.yonhapnews.co.kr

인천시가 역점사업인 '인천 가치 재창조' 사업의 하나로 도시 브랜드 교체를 검토

Ace YONG-IN

namefit.tistory.com

(2) 도시마케팅 도구로서의 필요

- 상품마케팅이론과 실무에서 시작된 도시마케팅은 도시를 하나의 상품으로 인식하여 도시의 여러 가지 요소들을 통하여 편익창출을 위한 상품판매 전략으로 다루고 있다.
- 도시마케팅에서는 도시의 브랜드를 구축하여 브랜드 구성요소들을 통해 이미지 강화를 하는 브랜드전략을 필요로 하게 된다.
- 도시브랜딩은 도시가 가진 유·무형 가치를 발굴하고 개발하여 편익을 제공하는 서비스 차원의 관리전략이라 할 수 있다.

thompsonbrandpartners.com

Leeds City Region Enterprise Partnership (LEP)

〈도시브랜드 아이덴티티 만들기 과정〉

www.pinterest.com

www.pinterest.com

cargocollective.com

Stockholm City Brand

- 기존의 긍정적인 이미지를 더욱 강화하고 부정적인 이미지를 개선하여 그 도시만의 특성과 매력도를 살리기 위한 전략이다.
- 도시브랜딩의 목적은 도시민들의 애착심과 자긍심을 고조시키며, 외부인들에게는 방문하고자 하는 동기 부여를 제공한다.
- Aaker(1996)는 강력한 도시브랜드는 차별화되고 다양한 연상이미지(Associations Image)를 갖게 된다고 한다. 이러한 연상이미지들은 다른 도시들과의 차별화를 통해 다른 소비자들에게 인식시킴으로써 충성도(loyalty)를 높여 주 고객층을 형성해 준다.

(3) 커뮤니케이션 수단으로서의 필요

- 도시브랜딩은 도시의 다양한 브랜드 구성요소들 간에 보다 효과적인 커뮤니케이션을 가능하게 한다는 점에서 기존의 마케팅 수단과 차별화된다.
- 도시브랜딩을 하기 위해서는 기술과 자산에 의해 실현되는 물리적 영역과 문화적 삶의 추구로서의 정신적 영역 동시에 고려되어야 한다.
- 도시의 모든 비즈니스, 관광, 문화 그리고 환경 등이 전체적인 도시 아이덴티티와 긴밀하게 연결되어 커뮤니케이션할 수 있도록 유도하는 것이 도시브랜딩 전략이라 할 수 있다.

www.travelandtourworld.com

Helsinki City Branding

www.eventbrite.sg

www.pinterest.com

3) 도시브랜드의 역할

(1) 도시브랜드는 투자를 결정하거나, 도시목적지 선택 시 도움

도시의 브랜드는 고객이 투자 장소나 여행 목적지로 도시를 고려할 때, 의사 결정을 간단하고 쉽게 하도록 결정적인 판단을 제공하는 효과를 나타낸다.

(2) 도시브랜드는 인적, 물리적, 문화적 자원으로 차별화가 가능

- 도시브랜드는 인적(human)자원, 물리적(physical) 자원, 문화적(culture) 자원 등이 도시의 자산으로서 구축되어 구체적이면서 총체적 관리를 위한 기반을 제공한다.
- 도시브랜드를 통해 구축된 자산은 다른 도시와 차별화를 줄 수 있는 역할을 한다.

(3) 도시와 관련된 모든 이해관계자의 역량의 집중효과

- 도시브랜드는 단체장, 공무원, 시민, 언론 등이 공통적인 목적을 공유하게 만든다.
- 도시브랜드는 이해관계자들을 전략적으로 결속시켜 시너지효과를 가져올 수 있도록 만들어준다.

(4) 도시를 발전시킬 수 있는 전략적 토대를 마련

- 도시브랜드는 사람, 장소, 이벤트시설 등 도시의 모든 자원을 포함하고 있기 때문에 장기적으로 도시를 발전시킬 수 있는 원동력을 마련해 준다.
- 도시브랜드는 도시의 개별적인 요소들의 상호작용을 기반으로 통합적인 전략을 세울 수 있는 토대를 제공한다.

〈도시브랜드의 구성요소〉

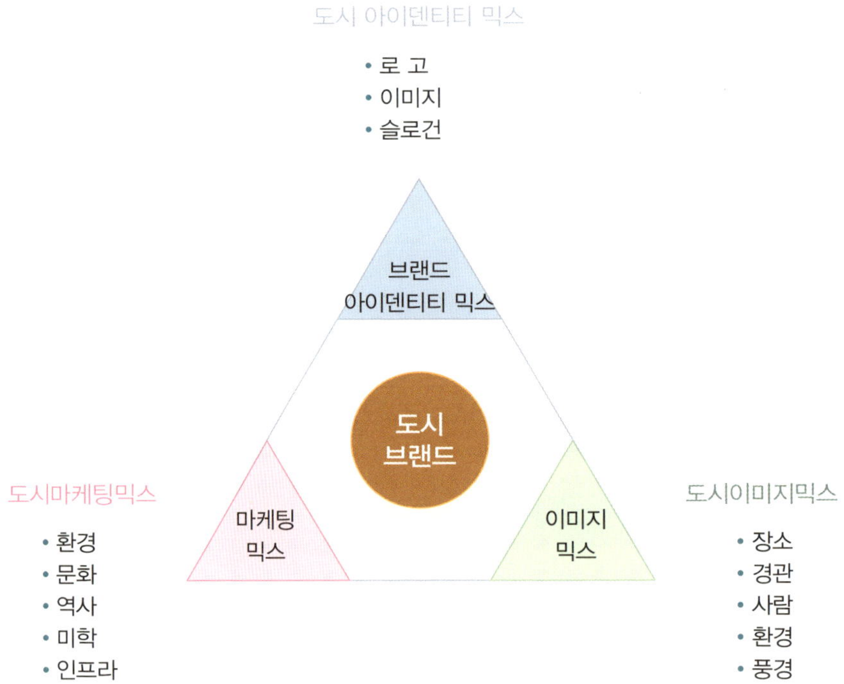

〈도시브랜드 아이덴티티 만들기 과정〉

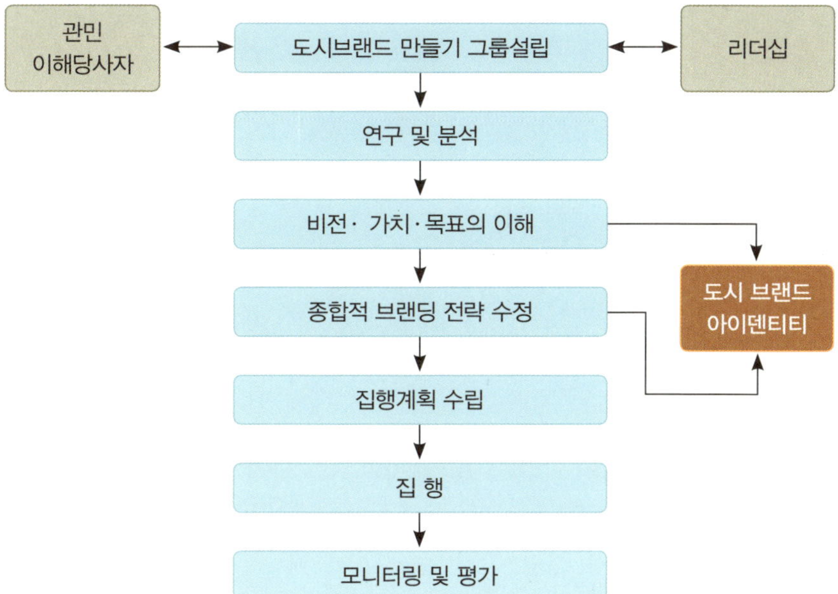

4) 도시브랜드의 구성 형태

(1) Dooley and Bowie의 브랜드 포트폴리오

- Dooley and Bowie(2005)는 장소 브랜드 아키텍처 맥락에서 5개의 브랜드 포트폴리오를 제안하고 있다. 이들은 도시관련 브랜드를 초국가브랜드, 국가브랜드, 산업브랜드(관광, 수출, 해외투자), 지역 및 도시브랜드, 기업브랜드, 그리고 제품브랜드로 위계화한다. 이들 브랜드들은 서로 연관성을 가지고 상호작용한다.
- 여기서 국가브랜드가 가지고 있는 신뢰와 가치로서 하위브랜드에 대한 보증의 역할을 하게 된다.

〈Dooley and Bowie의 브랜드 아키텍처(Brand Architecture)〉

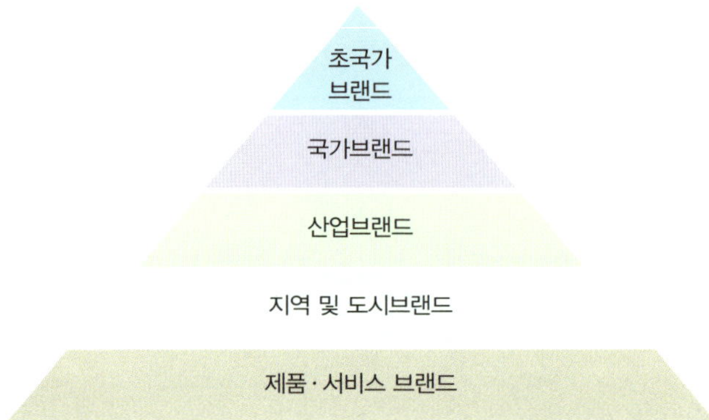

(2) Ikuta, Yukawa and Hamassaki의 도시 · 지역 브랜드

- Ikuta, Yukawa and Hamassaki(2007)은 지역과 도시공간 차원으로 나눈 지붕브랜드를 제시한다.
- 도시 및 지역브랜드는 지붕이고, 그 지붕을 뒷받침하는 기둥은 도시의 상품, 관광, 투자, 산업, 인적자원, 주민이 된다.

〈Ikuta, Yukawa and Hamassaki의 기둥과 지붕에 의한 도시 · 지역브랜드 구성〉

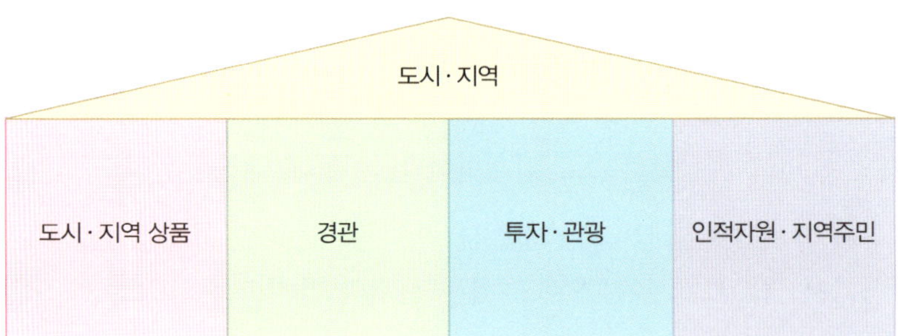

(3) Kavaratzis and Ashworth의 도시브랜드 〈아이덴티티-포지셔닝-이미지〉

- Kavaratzis and Ashworth(2006)는 도시브랜드를 브랜드 아이덴티티, 브랜드 포지셔닝, 브랜드 이미지라는 3개의 차원이 상호작용하는 시스템이라고 본다.

❁ 브랜드 아이덴티티

- 브랜드 아이덴티티는 브랜드를 제공하는 조직의 활동과 관련되어 브랜드에 녹아 있는 상징적, 경험적, 사회적, 정서적 가치를 통해 창조되는 것을 의미한다.

How to Brand a City – Do's and Don't's

❁ 브랜드 포지셔닝

- 도시브랜드 아이덴티티는 도시이미지로서 고객의 마음에 새겨지기 위한 중간 매체역할을 한다.

〈도시브랜드 아이덴티티- 포지셔닝-이미지 관점〉

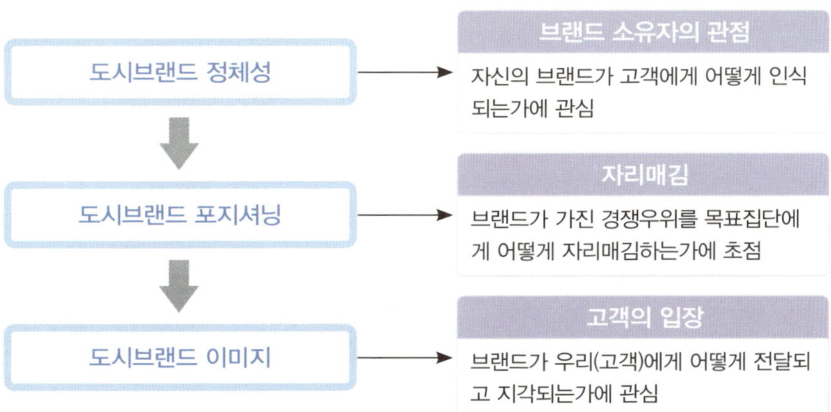

❁ 도시브랜드 이미지

- 도시브랜드 이미지는 도시브랜드를 지각하는 고객의 입장에서 도시 상품으로서의 이미지 가치를 의미한다.

(4) Moilanen and Rainisto의 도시브랜드 아이덴티티-커뮤니케이션-이미지

- Moilanen and Rainisto(2009)는 도시브랜드가 아이덴티티-커뮤니케이션-이미지의 3가지로 구성되어 있다고 한다.

❁ 도시브랜드 정체성

- 도시브랜드 제공자(소유자)가 고객에게 어떻게 전달되고 지각되느냐는 관점을 뜻한다.

❁ 도시브랜드 이미지

- 도시브랜드가 고객의 시각에서 어떻게 전달되어 지각되고 있는지에 대한 관점을 말한다.

❁ 도시브랜드 커뮤니케이션

- 도시브랜드 정체성을 매력적인 메시지로 포장하여 브랜드 고객(이용자)에게 전달하려면 소통매체, 즉 커뮤니케이션 수단이 필요하다는 관점이다.

www.pinterest.com

www.rarecreativegroup.com

www.pinterest.com

www.nuvonium.com

(5) 도시브랜드 네트워크

- Parkerson and Sanders(2005)는 도시브랜드 요소들이 네트워크로 구성되어 있다고 주장한다. 그는 도시의 핵심브랜드는 고객관계, 주요 서비스관계, 미디어관계, 브랜드 인프라관계 간에 서로가 네트워크를 이루고 있다고 한다.

〈도시브랜드 네트워크〉

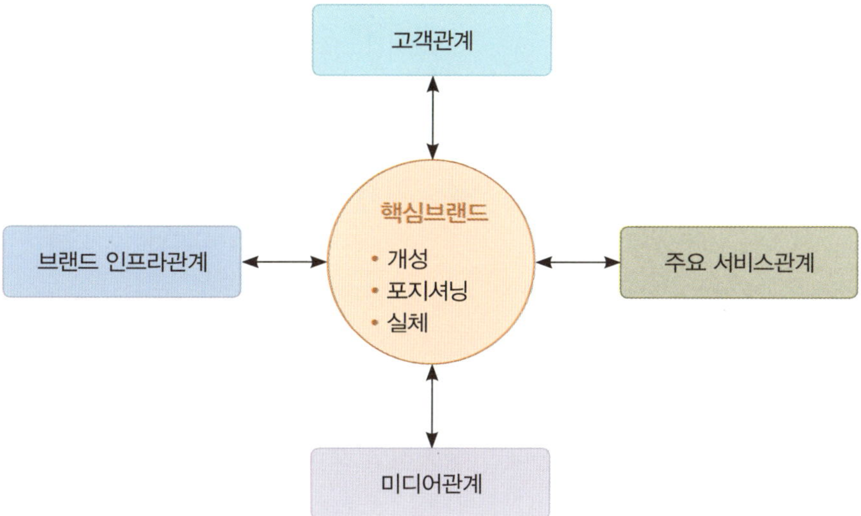

11.2 도시브랜딩이란?

1) 도시브랜딩의 개념

(1) 도시브랜딩의 뜻

- 도시브랜딩은 도시브랜드와 ~ing(진행형)의 결합이라 할 수 있다. 도시브랜딩이란 도시브랜드를 살아 있게(~ing) 활력을 불어넣어 주는 일련의 활동과정이다.
- 도시브랜딩이 제대로 되면 해당 도시가 관광객, 투자자, 거주민들에게 매력적인 브랜드로 자리 잡아야 방문하거나 투자하고 싶은 도시가 된다.
- 도시브랜딩은 도시마케팅의 시작을 알리는 단계이다. 도시브랜딩은 도시경영의 탄탄한 골격을 마련해 준다.
- 고객의 기능적, 심리적 욕구와 장소브랜드의 기능적 속성과 상징적 가치를 제대로 연결시키기만 한다면 성공적인 도시브랜딩이 가능하다(Hankinson and Cowking, 1993).

(2) 도시브랜딩의 역할(Kotler, 1993)

- 도시마케팅의 개념을 더욱 발전시켜 특정 장소를 하나의 상품으로 인식하게 한다.
- 다양한 이해관계자들과의 협력을 통해 투자자, 거주민과 방문객들에게 도시의 환경, 이미지와 다양한 인프라를 토대로 도시의 가치를 인식시킨다.
- 도시경제를 활성화시키는 전략이자 도구이다.

creativeroots.org

epikairotita.ipolistonkosmo.gr

openbrand.com

Batumi City Branding by Ana Martsvaladze

2) 과정으로서의 브랜딩

- 도시브랜드 창출이란 하나의 도시를 특징짓고 그 도시를 다른 도시들과 차별화시키기 위한 네임, 로고, 심벌, 패키지 디자인 등의 속성들을 만드는 과정이다.
- 도시브랜딩이란 해당 도시를 인지하고 다른 도시와 구별시키기 위해 요소들이 모여 브랜드로서의 이미지를 구축하여 정체성을 형성하는 과정이다.
- 도시브랜딩은 도시브랜드의 속성들을 구체화시키면서 연상시키는 활동과정이다.
- 도시브랜딩은 도시를 이용하는 고객과 브랜드 구성요소들과 관계를 맺어 가치를 형성할 수 있도록 도와주는 과정을 의미한다.
- 도시의 모든 사업, 관광, 문화 그리고 환경 등이 전체적인 도시이미지와 정체성과 긴밀하게 연결될 수 있도록 유도하는 것이 도시브랜딩 과정이라 할 수 있다.
- 도시브랜딩은 도시의 개별적인 요소 하나 하나가 모여 상호작용에 의해 통합성을 이루는 과정이라 할 수 있다.
- 도시브랜딩은 도시브랜드 자산 구성요소인 브랜드 인지도, 브랜드연상 이미지, 지각된 품질, 브랜드 로열티 등 독점적인 브랜드 자산을 소비자와의 커뮤니케이션 과정을 포괄하는 동적 과정으로 규정한다.

3) 도시 커뮤니케이션 수단으로서의 도시브랜딩

- 도시블랜딩에는 도시의 비전, 문화, 이미지가 고객과 서로 상호작용하기 때문에 강한 브랜드를 만들기 위해서는 커뮤니케이션을 충분히 고려하지 않으면 안 된다.
- 도시브랜딩은 도시의 이해관계자들과 더불어 도시와 관계되는 모든 사람들과 함께하여 도시의 브랜드 가치를 구축하는 커뮤니케이션의 기반을 제공한다.
- 도시의 이해관계자들과 더불어 도시와 관계되는 모든 사람들과 함께하여 도시의 브랜드 가치를 구축해야 한다.
- 도시브랜딩은 도시의 여러 가지 속성들 간의 소통을 가능하게 한다는 점에서 기존의 마케팅과 차별화된다.
- 도시와 도시를 구성하고 있는 모든 영역과 이해관계집단 및 고객과의 커뮤니케이션을 통해 도시브랜드의 가치가 생성된다.
- Kavaratzis& Ashworth(2005)는 도시가 지향하고자 하는 도시의 정체성을 이해관계자들과 공유하면서 도시브랜드 가치가 만들어진다고 한다.

4) 도시브랜드 자산

(1) 도시브랜드 자산이란?

- 브랜드 자산이란 일반적으로 도시브랜드에 의해 형성되는 부가적인 가치 개념이다.
- 도시브랜드 자산은 도시의 상품이나 서비스의 브랜드로 인해 발생되는 마케팅 효과이다(Keller, 2007).
- 도시도 도시 소비자에 의해 브랜드 충성도가 생성된다. 도시 소비자의 충성도가 바로 도시브랜드 자산이다.

〈도시브랜드 자산 형성과정〉

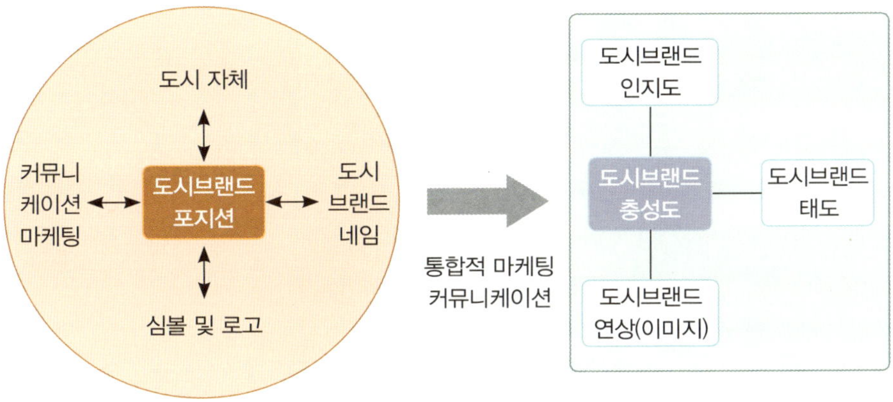

- 도시브랜드 자산은 해당 도시에 대한 고객의 높은 브랜드 인지도와 호의적인 브랜드 연상으로부터 형성된다.
- 도시자산에 있어서 도시브랜드 연상은 도시이미지, 도시환경, 도시문화 등에 의해 나타난다.

namu.mirror.wiki

Blog.daum.net

www.theglobeandmail.com

sarasdesigns.wordpress.com

〈도시브랜드 자산의 구성요소와 요인 및 효과〉

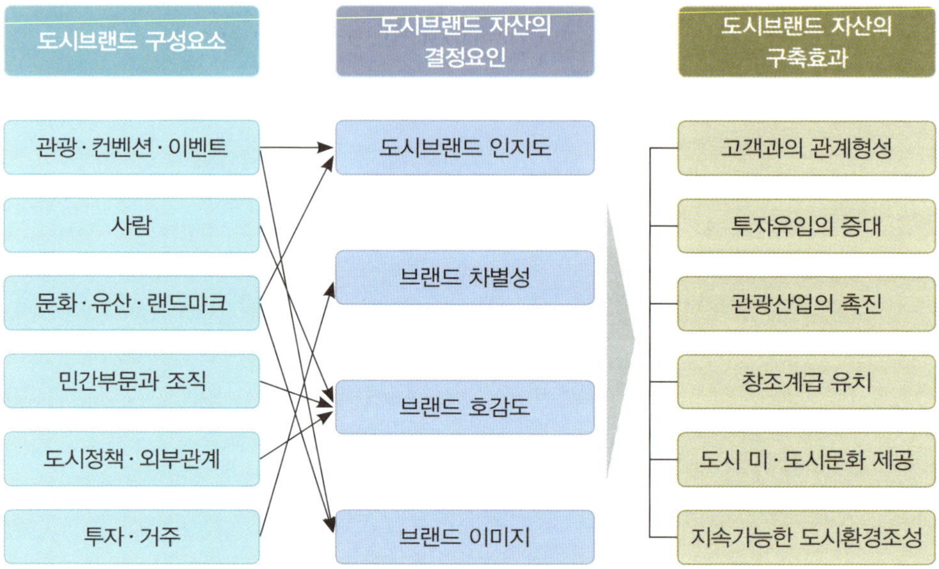

- 도시브랜드 자산은 다양한 이해당사자(stakeholder)와의 관계 속에서 형성된다.
- 도시에서 이해당사자 간의 관계구축은 도시가 보유하고 있는 자산적 요소를 강화하고 촉진하여 브랜드 인지도, 차별성, 호감도를 제고하는 데 기여한다.

(2) Keller(2007)의 도시브랜드 자산에 영향을 미치는 3가지 요소

❁ 차별적 요소

- 브랜드 자산은 소비자 반응에 의해 차별화된 요소들을 통해서 부각될 수 있다.
- 차별화가 일어나지 않는다면 도시브랜드 상품은 그저 하나의 일반적인 도시브랜드 상품에 불과하다.

❁ 브랜드 지식

- 도시브랜드에 대한 소비자의 지식을 의미한다. 도시브랜드 지식은 소비자들이 경험을 통해 도시브랜드에 대해 알고, 느끼고, 보고, 들은 결과물이다.
- 브랜드 자산은 궁극적으로 소비자 마음속에 존재하고 있는 지식(knowledge)에 의해 형성된다.

❁ 소비자 반응

- 해당 도시상품 및 서비스에 대한 소비자의 차별적 반응은 도시브랜드 자산을 구성해 주는 강한 토대가 된다.

(3) 브랜드 인지도는 도시브랜드 자산에 기여

- 과거에 도시를 방문하거나 지식을 가지고 있는 이용자(고객)들은 도시브랜드에 대해 사전 인지도를 지니고 있어서 이러한 인지도가 해당 도시에 대한 브랜드 자산으로서 효과를 나타나게 된다.
- 도시브랜드 인지도는 방문객들의 그 도시를 상기하면서 회상해 낼 수 있는 능력이다.
- 도시에 대한 인지도가 도시이미지를 통해 브랜드 형성에 영향을 미치기 된다.
- 도시의 브랜드 인지도가 높아지게 되면 잠재적인 고객에게까지 긍정적인 영향력이 전달된다. 이렇게 되면 그 도시에 대한 친밀도가 높아져 그 도시로 고객이 몰려든다는 논리이다.

(4) 도시브랜드 이미지

- 도시브랜드 이미지는 도시가 가진 속성에 대한 사람들의 주관적 연상이나 감정이다.

- 도시브랜드 이미지는 도시브랜드 자산을 만들어 주는 중요한 역할을 한다.
- 도시에 대한 인지도 및 연상되는 이미지가 도시브랜드 자산이 된다.
- 도시브랜드 자산 중에 하나인 도시이미지는 유형적 요소와 자연적 요소에 의해 영향을 받는다. 유형적 요소는 건물, 인프라, 경관 등이 있고, 무형적 요소는 문화적 요소와 사회적 요소로 구성된다.
- 유·무형의 도시브랜드 요소는 그 도시의 브랜드 자산으로 도시의 브랜드 가치를 형성하는 근원이자 도시브랜드 가치를 측정하는 지표들로서 역할을 한다.

11.3 도시브랜드 아이덴티티 (City Brand Identity)

1) 도시브랜드 아이덴티티

(1) Aaker의 브랜드 아이덴티티를 보는 4가지 관점

Aaker(2003)는 브랜드 아이덴티티 시스템에서 상품으로서의 브랜드, 조직으로서의 브랜드, 상징으로서의 브랜드, 사람으로서의 브랜드라는 네 가지의 관점을 제시하고 있다.

❁ 상품으로서의 브랜드

- 상품으로서의 브랜드는 도시의 상품적 가치를 형성하는 유·무형자산인 기반 시설과 축제 및 이벤트

❁ 조직으로서의 브랜드

- 조직으로서의 브랜드는 도시의 브랜드 전략을 총괄하는 정부 및 지자체와 같은 관료 집단

❁ 상징으로서의 브랜드

- 상징으로서의 브랜드는 도시와 관련된 시각적으로 가시화된 상징 등의 이미지

❁ 사람으로서의 브랜드

- 사람으로서의 브랜드는 인적자원으로서 주민, 투자자, 방문객 등

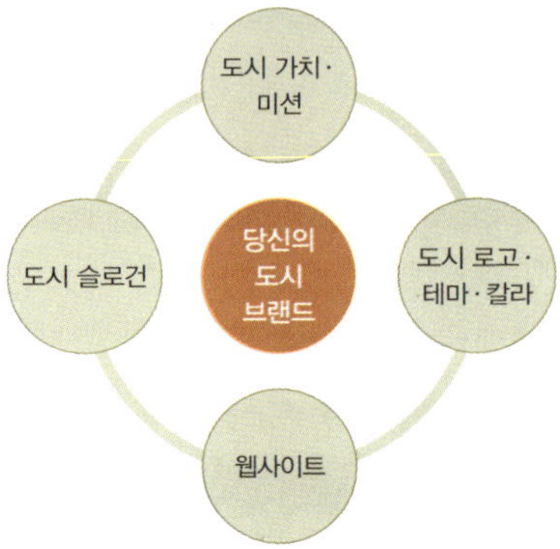

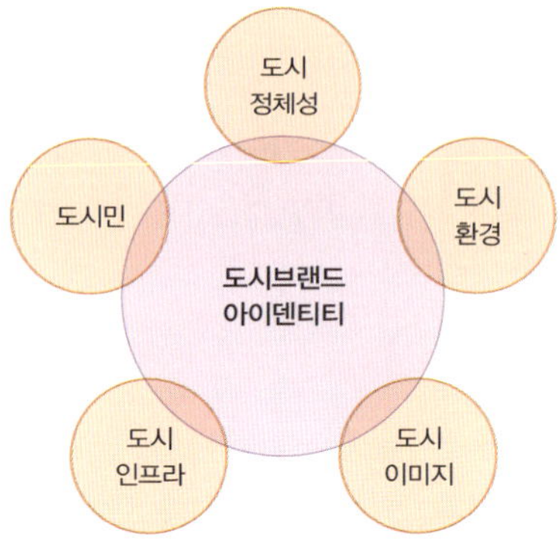

〈상품과 도시브랜드 아이덴티티 시스템의 네 가지 관점〉

상품브랜드 아이덴티티 시스템	도시브랜드 아이덴티티 시스템
상품으로서 브랜드	유 . 무형 자산인 기반시설과 축제 및 이벤트
조직으로서 브랜드	정부 및 지자체와 같은 관료집단
상징으로서 브랜드	도시와 관련된 시각적으로 가시화된 이미지
사람으로서 브랜드	인적자원으로서 거주민

2) 도시브랜드 아이덴티티 가치를 올리려면

(1) 도시브랜드 가치제고 방안

- 도시가 가진 이미지를 활용한 콘텐츠 개발
- 도시의 정체성을 보여 줄 수 있는 로고, 심벌, 슬로건, 광고, 축제 및 이벤트 등을 통한 적극적인 브랜드 마케팅을 실시
- 도시의 대표 슬로건을 활용한 도시브랜드 이미지를 구축하여 지속적인 홍보와 마케팅 실천
- 도시브랜드 가치를 올려 기존의 부정적인 이미지를 해소함과 동시에 새롭게 변화된 이미지로서 도시의 리포지셔닝(repositioning)

- 도시마케팅정책의 일환으로 도시홍보와 판촉에 주력하여 도시의 새로운 이미지 확립

(2) 도시브랜드와 도시브랜드 아이덴티티를 바라보는 관점

- 도시브랜드를 바라보는 관점은 실로 다양하다. 학제 간의 관점을 망라한 다양한 분석을 요구하기도 한다. 김세용(2010)은 도시브랜드를 도시브랜드 아이덴티티의 관점에서 도시브랜드의 기능과 역할측면에서 정리하고 있다.

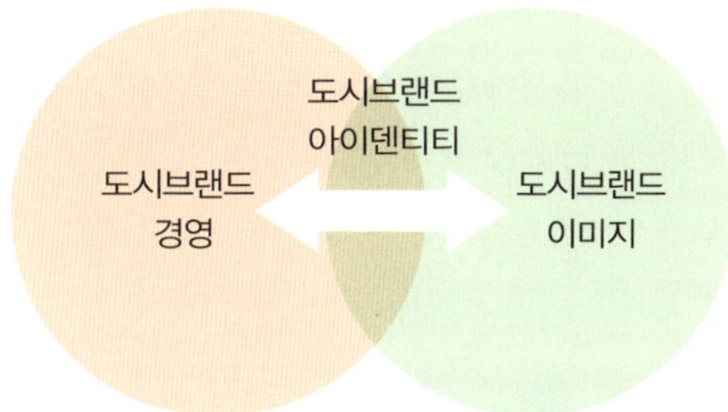

〈도시브랜드 기능(김세용, 2010 토대로 재작성)〉

브랜드 관점	도시브랜드의 기능
1. 상표	도시 내 생산되는 제품과 서비스, 공간브랜드 네임
2. 로고	도시의 정체성을 공유하는 시각적 상징도구로 활용
3. 조직(기업, 공공조직 포함)	도시이미지, 문화, 프로그램을 활용한 지속적인 메시지 전달
4. 기억의 단서	도시에 대한 질적 정보와 연상창출 및 관리
5. 위험감소자	도시브랜드 수용자에게 심리적 안정 및 기대제공
6. 아이덴티티 시스템	도시의 복합적 성격을 통합적으로 반영할 수 있는 브랜드 정체성 개발 체계 구축
7. 이미지	도시브랜드 개발을 통한 긍정적 이미지 구축
8. 가치 시스템	거주자와 방문객 등 도시사용자들이 추구하는 가치발견 및 재창출
9. 개성	도시브랜드를 통해 도시의 개성을 커뮤니케이션하여 상징성과 차별성 확보
10. 관계	도시 사용자들과의 관계 구축수단으로서의 도시브랜드
11. 부가가치	도시의 잠재적 속성을 극대화하여 부가가치 창출
12. 진화하는 실체	도시의 다양성을 수용하는 도시브랜드의 성장과 진화

3) 도시이미지는 도시 아이덴티티의 근원

- 도시의 이미지는 도시이용자들에게 아이덴티티를 제공함으로써 도시의 브랜드 가치를 높이게 해준다.
- 이미지는 물리적인 요소, 의미, 상징으로서 전달될 수 있다.
- 이미지는 도시가 가지는 유·무형적인 자산들을 통하여 도시의 스토리를 구성해준다.
- 도시이미징(City Imaging)은 장소의 잠재력에 대하여 시각적으로 표현된 스토리텔링을 구성하는 과정이다(Valeetal, 1998 : 15).
- 도시의 이미지는 곧 그 도시의 정체성을 결정짓는 힘이 된다.
- 도시브랜드가 가지는 이미지는 그 도시에 대한 역사, 전통, 문화와 같은 무형적인 요소와 시각적으로 드러나는 건축, 녹지, 경관, 환경 등의 유형적인 요소로부터 흘러나온다.

11.4 세계 도시의 브랜드마케팅 전략

〈국내외 도시브랜드 정책내용과 전략〉

도 시	마케팅 정책내용	전 략
파 리	• 도시마케팅(OTCP–관광·회의 사무소) • '그랑프로제'에 의한 기념비적 문화시설 • 대표적인 문화예술의 도시콘텐츠 개발(관광, 전시, 이벤트 및 쇼핑 등) • 브랜드 마케팅(상징컬러 red + blue)	• 도시이미지 평가 • 재포지셔닝 • 보행시설 및 동선 개선 • 브랜드홍보 마케팅 • 대중교통 접근성 개선 • 문화자산 아카이브 확충 • 도시미학 • 공공예술설치 및 관리 • 문화예술 콘텐츠의 다양화
시드니	• 도시 인프라의 우수성 • 지속적인 브랜드 캠페인 • 사용자 위주의 디자인 시설 • 개방성, 친절도, 문화적 다양성 • 건축물과 이벤트와의 연계 사업 • 관광 및 삶의 질 제고	• 지속가능한 도시환경 조성 • 환경친화적인 도시 • 교통 접근성 강화 • 공공예술 확충 • 홍보 마케팅 • 콘텐츠 간의 연계사업 활성화
런 던	• 기념비적 문화시설 • 도시마케팅(LDA–관광·회의 사무소) • 다양한 문화예술 콘텐츠(뮤지컬, 공연, 오페라 등) • 관광콘텐츠 개발(관광과 스포츠 접목) • 교통 및 시스템 편리 • 런던 브랜드 마케팅 • 경제금융 비즈니스의 용이성	• 워터프론트의 문화적 재생 • 도시재생에 의한 지역의 리포지셔닝 • 콘텐츠 개발 • 홍보마케팅 • 유형의 고유자산(문화자산) • 콘텐츠 간의 연계 • 사업 활성화 • 경제 및 투자 환경

〈국내외 도시브랜드 정책내용과 전략〉(계속)

도 시	마케팅 정책내용	전 략
인 천	• 국제도시 담당부서 • 동북아 경제중심도시 지향 • 전문부서 홍보마케팅 추진 • 커뮤니케이션 프로그램의 다양화 • 도시마케팅 요소 간 연계사업 추진	• 경제 및 투자환경조성 • 홍보마케팅 • 다양한 국제화를 통한 도시마케팅 • 도시브랜드를 중국관광객에 홍보 • 인천차이나타운의 마케팅 • 도시재생을 통한 지역이미지 제고
서 울	• 슬로건 브랜드 캠페인 • 이미지 홍보마케팅 정책 강화 • 메가 이벤트로 시민 참여 강화 • 커뮤니케이션 프로그램의 다양화로 시민의 만족도 제고 • 대중교통 및 보행시설을 통한 접근성 강화	• 한강 워터프론트의 관리 • 대중교통연계체계확충 • 홍보 마케팅 • 한류의 확산 • 문화·관광 콘텐츠 강화 • 보행서비스 개선(인프라, 제도)
대 구	• 도시어메니티 환경 개선 • 관광콘텐츠 개발 • 다양한 채널로 홍보마케팅 • 교육환경 및 국제회의 매개 기관 • 커뮤니케이션 프로그램의 다양화로 시민만족도 제고	• 창조산업단지 확충을 통한 마케팅 • 홍보마케팅 • 콘텐츠 강화 • 국제화

11.5 주요 도시의 브랜드전략 사례

1) 서울브랜드

(1) 서울브랜드 아이덴티티(포지셔닝)

❁ 세계일류도시

- 서민을 위한 따뜻한 서울
- 사람 중심의 편리한 서울
- 경제 활성화로 활기찬 서울

(2) 브랜드 슬로건

Hi Seoul

(3) 주요 마케팅 · 커뮤니케이션 활동

❁ PPL(product placement: 협찬업체의 이미지나 명칭, 특정장소를 노출시켜 무의식 중에 대중에게 홍보)

- 주요 드라마, 영화에 삽입

❁ 이벤트

- Hi Seoul Festival

- Hi Seoul 마라톤 대회
- 서울사랑 컬쳐 퍼레이드

❋ Sponsorship

- 연고 스포츠구단과 협약 체결

2) 부산브랜드

(1) 부산브랜드 아이덴티티(포지셔닝)

❋ 21세기 동북아시대의 해양수도

- Dynamic Busan, Asian Gateway

(2) 브랜드 슬로건

Dynamic Busan

(3) 주요 마케팅 · 커뮤니케이션 활동

- 지역방송, 아리랑 TV, CNN-Asia 등에 CF 방영
- 시내 11곳의 대형 옥외전광판을 이용한 홍보
- 부산국제영화제(PIFF)의 개최 APEC 정상회의 개최도시

3) 뉴욕브랜드

(1) 뉴욕브랜드 아이덴티티(포지셔닝)

- 공연문화 중심의 관광 도시(I Love of New York)

(2) 브랜드 슬로건

'I Love New York'

(3) 주요 마케팅 · 커뮤니케이션 활동

- 브로드웨이 쇼를 전략상품으로 한 공연 중심 마케팅 활동 전개
- 관광객 유치를 위한 활발한 대중매체 광고
- 옥외 전광판을 이용한 관광 유치 홍보 활동
- "Big Apple Campaign" 전개
- "Time Square" 관련 다양한 마케팅으로 방문객 유치

Chapter 12

도시마케팅 프로세스

12.1 도시마케팅 프로세스 (City Marketing Process)

① **목표설정**: 장소가 추구하는 비전과 가치 속에서 목표를 설정

② **시장세분화**: 고객시장의 구조분석을 통한 세분화 및 시장보완전략 수립

③ **표적시장 선정**: 세분시장별 타당성 분석 후 표적세분시장 선정

④ **포지셔닝**: 표적시장 선정 후 장소상품을 자리매김하는 단계

⑤ **마케팅믹스**: 시장세분화, 표적시장 선정, 포지셔닝을 지원하기 위한 실행수단이다.

〈도시마케팅 프로세스〉

12.2 장소마케팅을 위한 정책대안 결정 과정

〈장소마케팅을 위한 정책대안 결정 과정〉

장소의 진단
↓
장소의 인식
↓
장소의 정체성
↓
장소의 비전
↓
장소의 수요분석
↓
대안 설정
↓
대안 평가
↓
대안 선택
↓
마케팅

12.3 선택된 정책대안을 위한 마케팅 과정

〈선택된 정책대안을 위한 마케팅 과정〉

마케팅 내·외부 환경분석

↓

마케팅 조직구축

↓

당위성 마케팅

↓

마케팅 단계별 전략

↓

시장세분화

↓

표적시장 선정

↓

모니터링

↓

상품의 포지셔닝

↓

마케팅믹스

↓

집행

12.4 시장세분화의 기준

① 지리적 기준: 인구분포, 거주지역, 교통수단, 기후

② 인구통계적 기준: 성별, 연령, 직업, 교육수준, 결혼 여부, 가족구성원, 사회계층

③ 방문목적 기준: 관광, 친지방문, 비즈니스, 기업투자

④ 경제적 기준: 개인소득, 가계소득, 직업, 수입원

⑤ 가치기준: 방문객의 욕구, 방문기간, 방문경험, 도시관광 방식, 도시경관 관심도, 여가활용방식, 라이프스타일, 개성, 소비형태, 도시 및 장소인식

12.5 도시마케팅 요소를 찾으려면

1) 도시마케팅 요소를 찾기 위해서는

- 도시마케팅의 본질은 '장소성을 찾아내는 여정'이다. 장소성을 찾으려면 도시나 장소의 정체성과 도시사회의 트렌드를 인식하고 있어야 한다.
- 장소성을 찾기 위한 3I는 다음과 같다.

① 영감(Inspiration)

- 장소성을 건지려면 아이디어, 시각, 역동성이 있어야 하고 새롭고 신선해야 한다. 이런 의미에서 창조성은 '영감을 불어넣을 때 나올 수 있는 것'이다. 영감이 창조성의 원동력이 되는 이유이다.

② 자극(Irritation)

- 장소성을 캐려면 그 도시의 시민, 방문자 등에게 지적 자극을 주면서 변화와 개선방향에 대한 공감대를 파악한다.

③ 통합(Integration)

- 장소성을 찾으려면 도시성과 장소성에 대해 통합적 사고를 갖고 분석해야 한다.

〈장소성을 찾기 위해 요구되는 3I〉

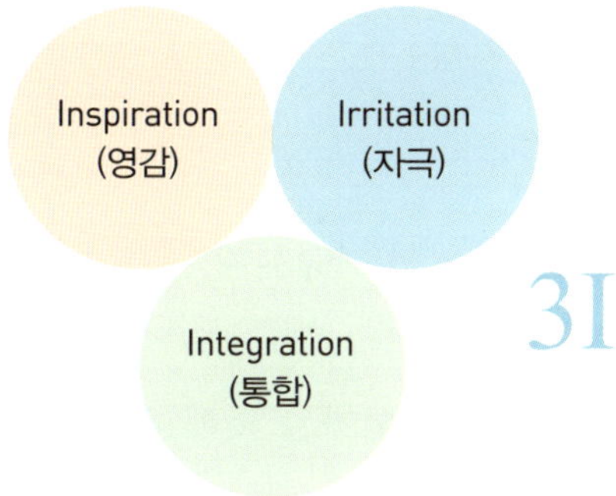

2) 장소성을 건지려면 트렌드 분석부터

- 탄탄한 트렌드 분석은 장소성을 찾는 실마리를 제공한다.
- 여기서 트렌드 분석의 몇 가지 기본적인 도구를 소개한다.

① 트렌드 스카우팅(Trend Scouting)

- 트렌드 스카우팅은 보고서를 이용하는 고전적인 방법이다. 이 방법은 도시민들의 활동

삶의 스타일 또는 공공의 문화·예술·환경 등 관련된 정책 등을 살펴보고자 할 때 유용하다.

- 보고서를 이용하는 이 방법은 방법론이 부정확하고, 주관적 요소가 강한 단점을 지니고 있다.

② 델파이 법(Delphi Method)

- 델파이 법은 하나의 분명한 질문 혹은 예측과제들을 전문가들에게 제기하

는 설문조사 방법이다.

- 이 방법은 전문가의 주관적 해석이나 애매모호한 인식을 통한 왜곡된 답변 등의 한계가 있기도 하다.

③ 시나리오 법(Scenario)

- 시나리오 법은 어떤 대안이 가능한지 단·중·장기 모델의 형태로 나타내는 방법이다.
- 이 방법은 비용이 많이 들어가는 것에 비해 결과가 불명확한 문제를 안고 있다.

④ 모니터링(Monitoring) 혹은 스캐닝(Scanning)법

- 이 방법은 사회·문화·경제적인 '신호(Signal)'를 탐색하는 것이다. 이 경우 인터넷 등의 매체나 빅데이터 분석 등의 수단을 이용할 수도 있다.

12.6 장소 만들기를 위한 6단계

① 단계 1

- 장소와 관련하여 영향력 있는 이해 집단 간에 장소가 추구해야 할 장소성에 대한 합의가 이루어져야 하며, 다른 장소에서 영감을 얻은 일이 중요하다.

② 단계 2

- 다양한 측면에서 장소성을 분석한다. 공간으로는 도심, 부도심, 동네, 산업으로는 쇠퇴한 산업, 신산업, 서비스업, 인구계층으로는 청소년, 노인에 이르기 위한 다양한 분야를 분석한다.

❁ 다면적 분석의 이점

- 도시공간 구석구석에 대한 장소 특성에 대한 이해가 가능하다.
- 도시의 쇠퇴한 지역의 복고·재생 가능 지구를 알 수 있다.
- 조직, 단체, 개인, 컨소시엄 등 협력체계가 구축될 수 있다.
- 다양한 계층, 공간에 걸맞는 맞춤형 장소 프로젝트가 가능하게 해준다.

③ 단계 3

- 장소 만들기를 위한 프로젝트 대안을 설정한다.
- 선정된 장소프로젝트를 시민, 주민들에게 홍보한다. 이때 광범위한 여론을 수렴하면서 토론과 비판과정을 거친다. 이런 과정을 거쳐 필요하다면 장소프로젝트를 다듬고, 수정한다.

④ 단계 4

- 최종적으로 장소 만들기를 위한 장소 프로젝트를 결정한다.

⑤ 단계 5

- 장소 프로젝트를 추진하기 위한 추진조직, 추진단체, 예산 등을 확보한다.

⑥ 단계 6

- 장소 만들기를 위한 장소 프로젝트를 실행한다.

Chapter 13

장소성 읽기

13.1 이미지로 읽기

- 린치(Lynch)의 환경적 이미지는 정체성(Identity), 공간적 구조(Structure), 의미(Meaning)의 3가지 이미지를 축으로 구성된다고 보고 있다.

'린치'의 경관 이미지 인식과정은 다음과 같다.

〈경관이미지 인식과정〉

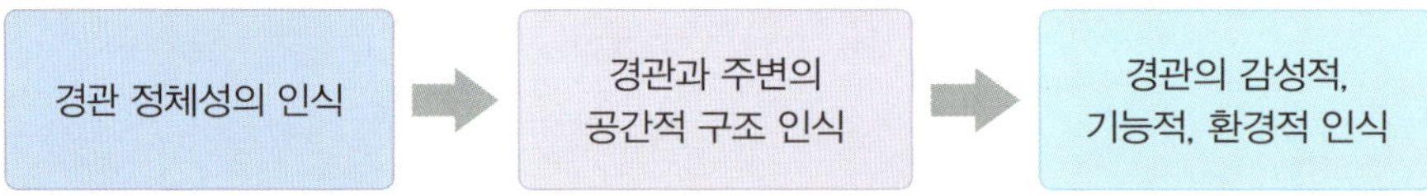

- 예로서 우리가 서울의 복원된 청계천 경관을 바라본다고 하자. 우리는 청계천이 과거의 고가도로와 복개된 청계천이 아닌 물과 자연이 숨 쉬는 청계천임을 인식하게 된다. 그 다음 우리는 청계천과 청계천 주변의 거리, 건물, 시설, 즉 공간구조를 인식하게 된다. 마지막으로 청계천이 우리에게 가져다주는 감성적, 기능적, 환경적 의미를 인식하게 된다.
- 린치는 '이메저빌리티(Imagability)'를 "방문자(관찰자)에게 강한 이미지를 제공하는 경관이 가진 특성이다. 그것을 식별성(legibility) 또는 가시성(Visibility)라고 말할 수 있을 것이다"라고 도시이미지를 읽는 방법을 이야기한다.
- 린치는 도시의 이미지를 파악하는 물리적 요소 5가지를 제시한다.

Painted by Jaimu Won

Painted by Jaimu Won

❁ Lynch의 이미지를 파악하는 물리적 요소

- 통로(Path)
- 가장자리(Edge)
- 지역(Districts)
- 결절점(Nodes)
- 랜드마크(Landmarks)

13.2 스케이프(Scape)로 읽기

- 도시에 따라 우리는 뿌듯함과 즐거움을 맛보기도 하고, 식상함과 혐오감을 느끼기도 한다. 장소가 주는 감정의 대상을 장소, 사람과 사람의 일들, 주변 공공시설, 공원에다가 시간들이 포함된다. 그 장소를 둘러싸고 있는 모든 것들을 느끼는 우리의 마음, 기억, 감각, 감정들이 녹아들어 도시성을 만들어낸다.
- 지금은 그 어느 때보다 도시를 부각시킬 수 있는 상징적 이미지가 중요한 자본으로 작용하는 시대이다. 오래된 도시가 감흥을 주는 것은 그 도시에는 추억과 역사가 스며들어 있기 때문이다. 옛 건물과 유산 등은 그 고풍스러움을 통해 시간의 깊이와 그 장소의 연속성을 느끼게 해준다. 그 도시는 그냥 거기에 있는 것이 아니라 그 도시의 삶과 시간들을 전설로 만들면서 숨 쉬고 있는 것이다.
- 어느 도시가 정체성(Identity)이 있으려면 그 도시에 대한 그리움, 슬픔, 정다움, 아름다움 등 그 도시에 대해 방문자의 마음을 움직일 수 있는 매력이 있어야 한다. 옛날길, 오솔길, 골목길들이 아름다운 것은 그 길들이 사람들로 하여금 옛날을 회상하게 하고, 감동을 주며, 꿈을 꾸게 하기 때문이다. 이런 길들은 그래서 걸을수록 사람을 편안하게 하는 매혹적인 장소가 된다.

13.3 역사성과 지속가능성으로 읽기

- 기존도시에서는 역사성, 전통성을 찾기 쉽지 않겠지만 그래도 역사의 흔적을 캐내려는 노력이 앞서야 한다.
- 그래서 어떻게 하던 장소성을 도시계획에 입혀야 한다. 역사성이 찾아지게 되면 역사적 유산을 단순히 재현하는 데 그치지 말고 이를 도시디자인의 원천으로 삼아 새로운 공간배치와 경관을 구상해야 한다.
- 역사성의 이미지를 살리기 위해서는 해당 도시나 장소에 공공성을 부여하여 주변 환경과 연계시켜야 한다.
- 예컨대 풍납토성이나 몽촌토성 주변의 도시를 재생한다면 토성 이미지를 살리기 위해 야트막한 언덕 형태의 녹지를 구상해 볼 수 있을 것이다.

풍납토성 모형

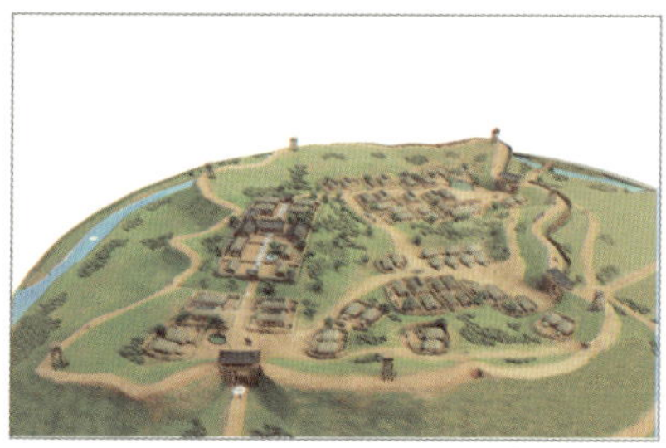
몽촌토성 모형

- 자하 하디드란 건축가가 설계한 서울 동대문디자인플라자의 상층부 공간의 녹지 띠는 서울의 성곽, 즉 이대 부속병원 성곽에서 동대문, 장충동으로 이어지는 성곽의 축을 복원하여 성곽의 연계성과 상징성을 재현한다는 의미가 크다.
- 사람들이 모여들고 흩어지는 광장도 주변 환경과 연계가 필수적이다. 장터처럼 사람들이 오게 하고 물건을 사고 즐기는 공간뿐 아니라 주민들이 흥겹게 노는 공간으로 만들어 주어야 한다.
- 그동안 우리 도시의 재생은 성냥갑처럼 밋밋한 아파트와 건물을 나란히 세우는 판상형의 평면적 설계가 주종을 이루어왔다.

동대문디자인플라자

성냥갑처럼 밋밋한 아파트

- 상업지역 또한 도시 전역(또는 지구 전역)으로 분산시켜 사람들을 모으는 집적 효과가 떨어지고 사람들의 상업시설에 대한 접근성을 저하시켜 놓았었다.
- 도시와 자연이 연결되는 흐름도 중요한 계획요소가 된다. 기존의 녹지축, 수계축이 끊어지지 않고 줄줄이 이어지는 구상과 계획이 도출되어야 한다.
- 바람이 시원하게 흘러가도록 바람길을 감안해 계획을 세워야 한다. 부지주변 능지에 산책로와 자전거 길을 넣어야 한다.
- 태양광 발전을 위한 집광판 등에 에너지 절약을 위한 설비도 계획에 포함

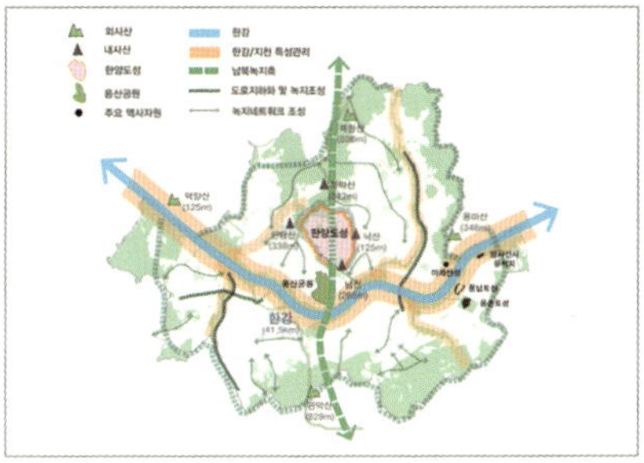

서울시 2030 도시기본계획의 녹지축 및 수계축

Painted by Jaimu Won

되어야 한다.

- 관공서, 높은 빌딩 등에 옥상공원을 조성하며 경관을 아름답게 하고, 빗물을 잡아두게 되어 열섬 효과를 줄여야 한다.

13.4 감성으로 읽기

- 방문자가 장소에 대해 오감으로 느끼는 감성지대에는 장소마케팅의 전략도 달라져야 한다. 그동안에는 'The place that makes beautiful scape(아름다운 경관을 만드는 장소)'이면 되었었다.
- 그러나 감성시대에는 'The place that makes me crazy(나로 하여금 미치도록 만드는 장소)'가 되어야 한다.
- 과거에는 멋진 장소라는 장소성에 의해 방문자들을 끌어모았다면 감성시대에는 방문자의 마음을 움직일 수 있는 '감동 요소'가 있어야 한다.
- 방문객에게 커다란 감동을 줄 수 있는 도시만이 앞으로는 살아남을 수 있다.
- 어느 장소가 창조적 장소로 태어나려면 방문자의 좌뇌(논리적 두뇌)보다는 우뇌(창조적 두뇌)를 자극하여 방문자로 하여금 공감대를 자아내게 해야 한다.

Painted by Jaimu Won

Painted by Jaimu Won

Chapter 14

도시마케팅 계획 및 추진과정

14.1 도시마케팅 계획과정

• 도시마케팅은 여러 단계를 거쳐서 이루어진다. 일반적으로 이해집단 및 인식분석을 토대로 아이덴티티(Identity)를 확립한다. 그리고 전략을 수립하여 실행으로 들어간다. 일단 도시마케팅 정책이 집행되면 도시브랜드 자산이 구축되어 자리를 잡게 된다.

1) 도시마케팅 관련 이해집단인식 및 고객욕구파악

• 도시마케팅 관련 이해집단을 파악함으로써 도시마케팅의 추진체는 아래 같은 이점을 얻을 수 있다.

* 해당 도시의 도시마케팅 관련 강점과 약점에 대해 인식할 수 있음
* 외부이해관계자와 내부이익관계자 간의 도시마케팅에 대한 인식 차이를 평가가 가능함
* 경쟁 정책이나 계획과 관련하여 도시마케팅 추진체의 상대적 포지셔닝을 결정해줌
* 시장에서의 고객(투자자, 방문자 등)의 욕구를 파악함
* 경쟁 계획에 비해 도시마케팅 정책이 비교우위가 확보되도록 도움을 줌

• 도시마케팅 계획시 선입견을 갖지 않기 위해 추진체는 리서치를 활용할 수 있다. 리서치에는 정량적 조사와 정성적 조사 모두를 포함한 것이다.

• 다양한 질문에 대한 응답자들의 반응을 요인분석, 회귀분석, 군집분석, 다차원 척도 등을 통해 분석할 수도 있다.

2) 도시브랜드 마케팅 계획 시의 정체성 확립

- 도시브랜드 마케팅 계획에서의 정체성 확립은 추진체와 방문자를 이끌어 주는 전략적 지침을 만드는 단계이다.
- 도시브랜드 마케팅 계획에서의 정체성 확립의 목적은 내부적으로는 정체성 구축, 마케팅, 브랜드 설정, 파트너십 형성 등 정체성에 관한 결정을 한다.
- 외부적으로는 도시브랜드 마케팅 계획의 정체성이 방문자에게 무엇을 의미하는지를 명확히 해주고, 이 정체성의 핵심, 특성, 약속 등을 방문자에게 제공한다.
- 도시브랜드 마케팅 계획단계에서 정체성 개발 시 5가지 요소를 고려해야 한다.

3) 도시마케팅 계획의 5가지 전략

① 발전전략

- 도시마케팅의 자생적 발전전략: 자생적 발전은 다른 계획이나 정부 등의 단체의 지원 없이 자체의 도시마케팅을 발전시킨다.
- 연계발전전략: 다른 계획이나 정부, 관련 단체 등과 전략적 제휴를 맺어 결합된 힘과 연계된 아이덴티티로 도시마케팅 효과를 극대화시키는 전략이다.

② 거버넌스 구축

- 도시마케팅 계획을 추진하기 위해 우선적으로 추진해야 할 일은 시정부~시민~시민단체~기업 등이 연계된 거버넌스를 구축하여야 한다.

〈거버넌스 구축을 위한 구성요소〉

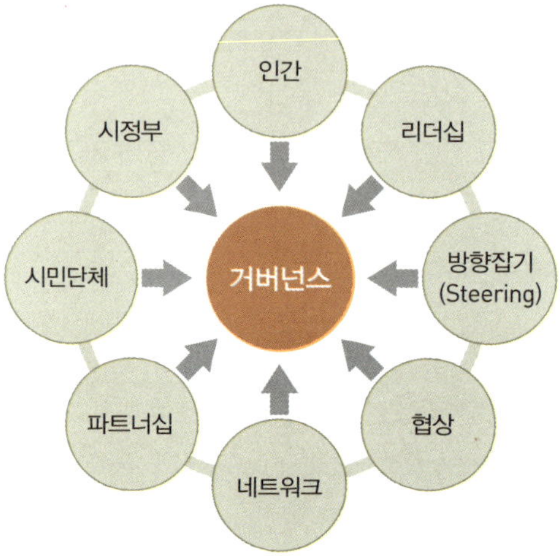

③ 도시마케팅 관련 거버넌스 사례

- 도쿄도컨벤션 비즈니스뷰로(TCVB): 관민 파트너십 조직
- 브리스톨 문화기획회사(BCP): 예술문화단체가 주도하는 조직
- 뉴욕시 컴퍼니(NYC&Co.): 민간 주도의 조직

4) 도시마케팅 계획의 실행

- 도시마케팅 계획의 실행은 형성된 마케팅전략이 방문객 시장에서 실천되는 과정으로 도시 정체성이 생명력을 갖도록 하고, 방문객의 마음속에 도시의 마케팅 요소가 형성되도록 하는 과정이다.

① 내부적 실행

- 교육 및 워크숍: 도시지도자부터 스태프진에게 도시마케팅 계획에 대해 이해시키고 발전전략, 미션 등을 공유한다.

- 인적자원: 우수한 인력과 전문성, 책임성을 가진 인적자원이 도시브랜드 마케팅 계획을 성공적으로 추진할 수 있다.
- 내부 커뮤니케이션: 내부 결속을 위해서는 도시마케팅 계획의 목표, 과제, 전략, 마케팅 등에 대해 충분히 이해하고, 스태프 및 리더 간의 원활한 커뮤니케이션 네트워크를 구축해야 한다.

② 외부적 실행

- 마케팅믹스: 도시마케팅 계획을 추진함에 있어서 모든 도시브랜드 요소가 4P 도시마케팅 과정에서의 정체성을 발전시킬 수 있도록 뒷받침해야 한다.
- 마케팅 커뮤니케이션: 도시마케팅 계획의 성공 여부는 도시브랜드 요소가 시장의 세그먼트, 네트워크, 이해집단 등에 제대로 전달·인식되었는지에 달려 있다.
- 로고와 디자인: 해당 도시마케팅 전략의 로고를 포함한 전반적인 디자인은 고유한 정체성, 개성, 가치를 반영함과 동시에 표적집단과의 적절한 연관성을 지녀야 한다.
- 타계획과의 연계: 다른 기능과 속성을 지닌 도시마케팅 계획의 추진체, 조직과 함께 파트너십을 형성하여 시너지 효과를 늘리는 방안을 모색한다.

www.slideshare.net

city-brands-management

5) 도시마케팅으로 인해 얻어지는 도시브랜드 자산 점검

- 도시브랜드 자산이란 도시마케팅 계획의 집행으로 얻어지는 요소, 정체성, 서비스, 이벤트, 판매에 의해 형성되는 모든 가치를 포함한다.
- 아울러 도시마케팅 관련 산업, 브랜드 네임, 서비스, 유형 자산, 문화예술 시설 및 단체 등을 총체적으로 포함한다.

〈단양의 비전과 도시브랜드의 관계〉

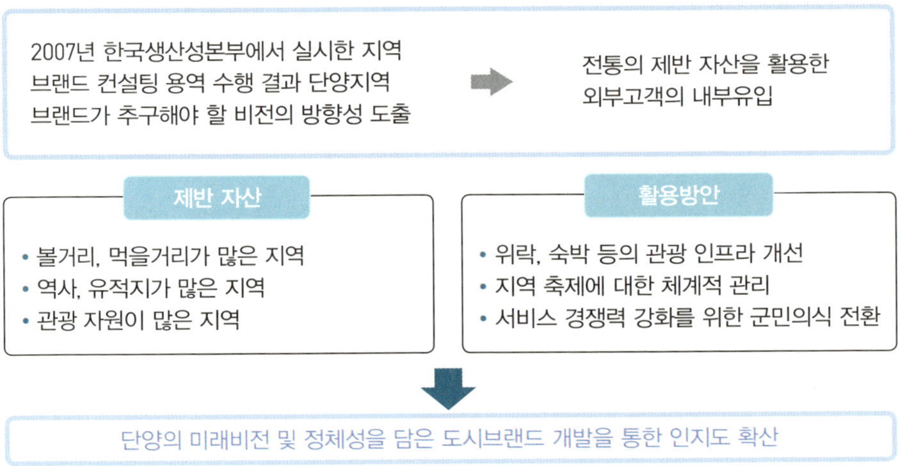

자료 : www.dy21.net

6) 도시마케팅 계획의 평가

- 도시마케팅 계획의 평가는 계획이 어떻게 창조도시의 목표를 충족시키는지 또한 장기적으로 계획에 대한 달성을 가늠하는 기준이다.
- 경제효과 분석: 도시마케팅 계획과 관련된 자산(무형, 유형)으로부터 발생되는 경제적 효과를 분석한다.
- 브랜드공헌: 도시마케팅 계획이 브랜드에 얼마나 기여하는지를 평가한다.
- 브랜드가치: 도시마케팅 계획의 미래 수익과 비용 그리고 할인율을 감안하여 순현재가치 등을 산출한다.

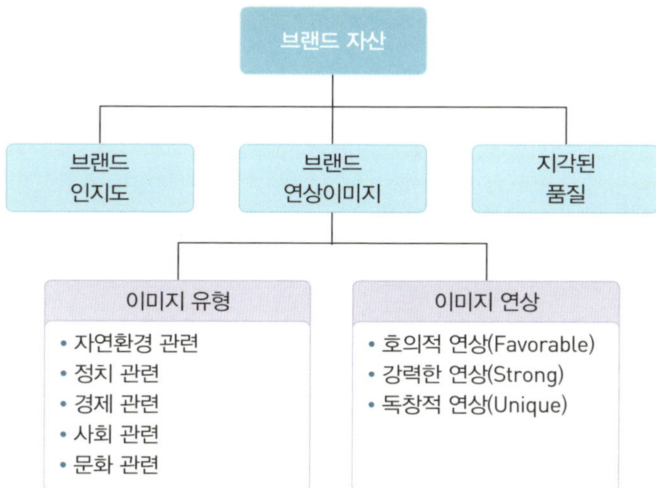

❁ 브랜드 자산과 브랜드 가치 비교

〈도시브랜드 자산과 도시브랜드 가치 비교〉

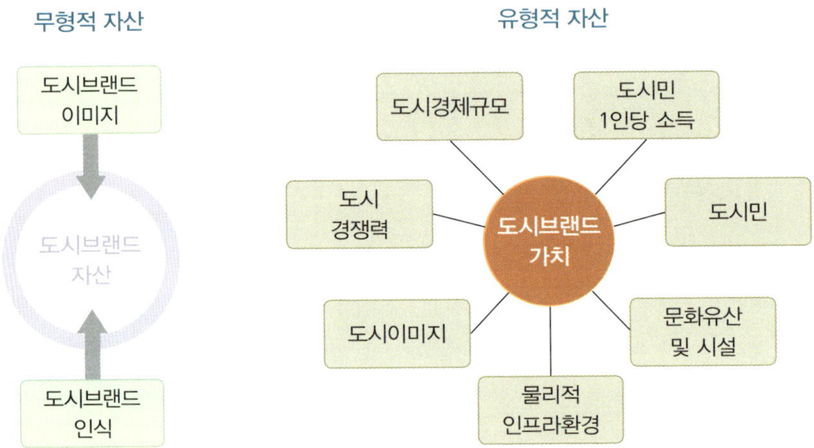

〈도시브랜드 전략 유형〉

Reinforcing	Repositioning	Recreating
기존핵심가치의 강화	**잠재적 가치의 핵심가치화**	**새로운 핵심가치의 실현**
기존에 보유한 자연, 문화적 요소 등 핵심가치를 지속적으로 강화함으로써 고유한 핵심가치를 확장시킨 도시브랜드 전략	잠재적으로 보유하고 있던 가치를 발굴하여 새로운 시대적 흐름에 맞게 개발, 발전시켜 핵심가치화하는 도시브랜드 전략	기존에 존재하지 않았던 새로운 가치를 도입, 개발, 창조하여 새로운 핵심가치로 도시를 재창조하는 도시브랜드 전략

14.2 도시마케팅 추진과정

1) 도시마케팅의 추진단계

- 도시마케팅 전략을 만들어가기 위해서는 크게 5단계로 나누어 추진된다.
- 처음 두 단계는 도시브랜드 요소를 발굴하는 데 필요한 환경을 구축하는 부분이고, 이후 세 단계는 장소성 구축환경을 기반으로 브랜드 요소를 발견하고 실천하는 부분이다.

❁ 1단계(리더십 구축)

- 도시를 이끌어가는 지도자(시장, 의회의장, NGO대표, 상공대표, 시민대표 등)들이 도시마케팅의 필요성을 느끼고 추진하기 위해서 비전, 목표를 세우고 전략을 수립하는 단계이다.
- 도시마케팅을 성공적으로 수행하기 위해서는 새로운 관점과 상상력, 창조성, 리더십, 의지와 열정 등이 바닥에 깔려 있어야 한다.

❁ 2단계(도시환경 조성)

- 도시마케팅을 추진하기 위한 인프라를 구축하는 단계로서 조직, 문화예술, 도시디자인, 도시산업 등에 걸쳐서 소프트 인프라와 하드 인프라의 저변을 확대하는 단계가 된다.
- 도시마케팅 환경조성을 통하여 도시마케팅을 추진하는 주체의 주도적 과제설정과 함께 도시브랜드 요소를 발견해가는 토대를 마련한다.

❁ 3단계(장소성과 가치를 통한 도시브랜드 요소발굴)

- 도시마케팅과 도시브랜드 전략을 추진하는데 요구되는 새로운 기회를 찾는 단계로서 환경변화분석, 산업분석, 새로운 지식, 장소성 발견, 숨어 있는 정서, 창의적 인지 등 도시의 브랜드 요소를 찾는 단계로 볼 수 있다.

❁ 4단계(도시마케팅 모델 선정)

- 3단계에서 도시브랜드 요소가 발굴되면 공청회, 세미나 등을 통하여 도시의 모든 구성원들이 참여하여 담론을 펼치는 과정을 거치게 된다.
- 이러한 의견수렴과정에서 합의된 도시마케팅 모델을 선정한다. 물론 도시마케팅 요소선정 단계에서는 다른 도시와 유사하거나 중복되는 점이 없는지 점검해야 할 것이다.

❁ 5단계(도시마케팅 실행)

- 도시마케팅을 구체적으로 실행하는 과정으로서 도시마케팅 전략을 만들기 위해 필요한 요소선정, 조직편성, 그리고 도시마케팅을 위한 다양한 인프라구축, 재원조달 등의 작업이 뒤따라야 한다.

14.3 도시마케팅 정책을 위한 행동 가이드라인

- 다음 도시마케팅 만들기 8단계는 도시마케팅 정책을 만들기 위한 행동지침이다.

❁ 1단계(시민이 원하는 목표로 바꿔라)

- 지금까지 시정부에서는 시정부 내부에서 외부로, 시청에서 시민으로 이루어지는 일 방향 시각에서 도시정책을 접근해 왔다.
- 도시브랜드 요소를 찾으려면 시민으로부터 마케팅 요소를 시정부에 제공하는 방식이 요구된다. 시민들은 시정부가 추구하는 브랜드 요소와 전혀 다른 도시브랜드 요소를 기대할 수도 있다.
- 시민의 시각에서 사고할 때 창의성이 나오는 법이다. 그럴 때 중요한 것은 도시민들이 살아가는 도시환경이다.
- 어떤 부분이 이 도시에 부족하여 대외적으로 마케팅이 안 되는가? 어떤 힘과 조류가 이 도시의 마케팅에 영향을 미치는가? 어떤 도시마케팅에 대한 욕구가 시민들 사이에서 분출되고 있는가?
- 도시마케팅은 이런 시민의 니즈(Needs)에 적응하는 정책 목표를 지녀야 한다. 시민의 입장에서 도시마케팅 요소를 생각하라. 그리고 새로운 창조의 영역을 개척해야 한다.

❁ 2단계(도시 트렌드를 명확히 분류하라)

- 세계 도시 트렌드, 창조도시 트렌드, 도시재생 트렌드, 사회경제적 트렌드,

방문자 트렌드를 명확하게 분류하여 분석하라.

- 큰 변화인 글로벌 도시의 메가트렌드부터 시작하라. 창조성과 관련된 변화의 기본 매트릭스를 작성하라. 거기에서 모든 흐름이 비롯된다.
- 도시마케팅 트렌드의 깊은 조류에 대하여 좋은 정보를 갖는 것이 중요하다. 이런 정보를 분기별로 업데이트 하라. 시민, 방문자 등의 욕구와 스타일이 변하는 사이클이 빠르다.

❁ 3단계(도시만의 독특한 도시마케팅 영역을 만들어라)

- 이제는 도시마케팅 관련 메가트렌드 하나하나를 자신의 도시와 연결 지어라.
- 예를 들어 이 도시의 문화유산을 어떻게 도시마케팅과 어떤 연결시킬까?
- 도시의 어떤 마케팅 요소를 발굴하면 외부사람들이 높은 점수를 줄까?
- 어떤 특정한 도시브랜드 요소에 의해 마케팅하게 되면 새로운 방문자 시장이 열리게 될 것인가?
- 겉으로 보기에는 도시마케팅과 전혀 상관이 없는 요소라 할지라도 이런 요소 하나하나를 관찰하고 살펴보아야 한다. 그렇게 되면 이 도시는 다른 경쟁도시들이 전혀 관심을 두지 않는 혁신요소를 개척할 가능성을 가지게 될지도 모른다.
- 일반적으로 타 도시를 벤치마킹한다거나 모방하는 작업에는 한계가 있다.
- 어느 도시나 비슷한 영역의 마케팅 요소를 가지고 겨루려 한다면 이런 복사본 도시를 시도하는 도시마다 도시마케팅 전략의 실패를 자초하게 될 것이다. 이런 모방은 진정한 창조적 도시브랜드 요소 발현을 방해한다.

❁ 4단계(창조가치 사슬을 마케팅해야 한다)

- 창조가치 사슬의 전체를 바라보아야 한다. 예컨대 동대문은 하루 평균 40만 명이 방문해 400억원을 구매하는 아시아에서 손꼽는 의류시장이다. 이런 동대문 의류산업 클러스터는 강한 창조가치 사슬을 갖고 있다. 첫째, 8

동대문 의류산업 클러스터

만 개가 넘는 관련 업체들이 원·부자재 생산에서부터 판매·유통에 이르기까지 사슬처럼 연계되어 있다. 둘째, 디자이너, 경영자, 재봉사 전문가들이 일하고 있다. 셋째, 우리나라 전국, 러시아, 중국의 높은 패션디자인 감각을 지닌 소매상들이 메머드급 상권을 유지하고 있다. 그러나 동대문 의류단지의 위협요소는 이 지역에 상상력과 창조력을 지닌 지식전문가, 즉 창조계층이 부족하여 이 의류시장을 제대로 마케팅하지 못한다는 점이다.

- 의류산업의 경쟁력을 도시마케팅 수준으로 끌어올리려면 산·학·연의 클러스터가 형성되어야만 새로운 마케팅의 기반이 태동될 수 있는 것이다.

❁ 5단계(외국의 도시마케팅 사례를 분석하라)

- 도시마케팅의 잠재력을 가진 도시들의 마케팅 요소를 잘 살펴보아야 한다.

외국의 도시마케팅 사례를 보면서 우리 도시의 숨겨진 잠재력을 생각하라.

- 우리가 겨냥하는 도시마케팅 요소는 무엇인가?
- 도시마케팅 요소를 발현시키는 데 있어서 장애요소는 무엇인가?
- 혁신을 일으킬 만한 요소는 무엇인가?
- 도시마케팅 담당자들과 대화를 나누고 네트워킹을 해보자. 그들 도시들이 창조적 마케팅 요소를 어떻게 발굴했는지 물어보라.

city marketing illustration by Rod Hunt

6단계(감성요소를 찾아라)

- 시민들의 머리뿐 아니라 가슴이 어떤 도시를 원하는지를 알아보라.
- 우선 시민들과 방문자들이 도시의 어떤 마케팅 요소를 어떻게 이용하는지를 아는 것이 중요하다.
- 이 도시브랜드 요소는 고궁, 백화점, 산업, 환경, 음식, 교통 등 다양하다.
- 방문자들이 어떤 도시를 방문할 때 어떤 기준에 의해 결정을 내리는지 파악하라. 그리고 종종 우리가 쉽게 느끼지 못하는 감성요소들, 상

Painted by Jaimu Won

징성에서부터 아름다움까지 방문자·시민들을 실제로 움직이게 하는 요소를 파악하는 것이다.

- 특히 감성적 요소는 더욱더 중요성이 커진다. 감성적 가치의 힘을 발견하라.
- 창조적 브랜딩 요소의 영역은 '미처 손이 닿지 않는 곳', '알려지지 않은 곳', '오감이 느낄 수 있는 곳' 등에 존재한다.

Painted by Jaimu Won

7단계(외부에서도 도시마케팅 아이디어를 구하라)

- 도시브랜드 요소를 발굴하려면 외부세계로 귀를 열어 놓아야 하고 외부도시 관리자들을 도시마케팅 계획과정에 포함시켜야 한다. 그래야만 자기들만의 틀에 박힌 사고나 계획으로부터 탈피할 수 있기 때문이다.
- 도시마케팅 계획수립 시 마케팅과 브랜드 요소 제안의 50%를 외부전문가들이 하도록 하여야 한다. 해당 도시가 외부와 탄탄한 네트워크를 가지고 있을수록 그만큼 쉽게 외부의 아이디어를 마케팅 요소 발현과정에 포함시킬 수 있게 된다.

People Sketch Meeting Vector Art

8단계(시민들과 함께 도시마케팅 아이디어를 배워라! 즐겨라! 실천하라!)

- 여러분의 도시는 어떤 도시학습문화를 가지고 있는가? 대부분의 도시에서 시민들이 학습문화에 대해 부정적이다. 학습이란 보통 결핍의 보충, 부족과 실수의 제거로 이해되기 때문이다.
- 학습문화가 실효성이 있으려면 도시 관리자나 시민들이 함께 동참하여 배

centraloregonlaborrelations.com

www.heromusical.com

우고, 놀고, 즐기는 분위기가 이루어져 이들에게 기쁨을 주어야 한다.

- 브라질의 꾸리찌바시가 세계적인 환경도시가 되어 도시마케팅의 기반을 구축한 것은 시정연구소 연구원이 시민의 입장에서 재미있는 아이디어를 내면 르미에르 시장이 이를 기꺼이 받아들여 집행하는 방식이 토대가 된 것이다.
- 꾸리찌바 시정연구소 연구원들은 도심 24시간 거리, 원통형 버스 정류장, 역세권 중심 고밀 개발, 대중교통중심개발(Transit-Oriented Development) 등 시민들이 즐겁고, 편함과 동시에 도시공간구조도 개편되는 창조적 아이디어를 내어 이들을 토대로 세계도시에 도시마케팅해 오고 있는 것이다.

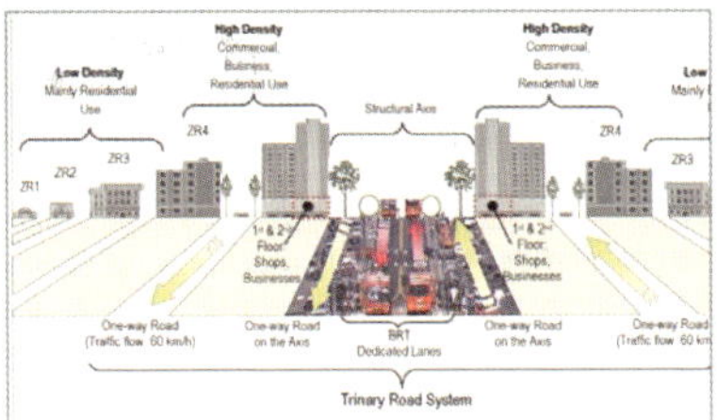

boiseplanning.wordpress.com

hundredyearshence.blogspot.com

세계적인 환경 도시인 브라질의 꾸리찌바

❁ 도시브랜드 아이덴티티 개발 시 고려해야 할 5가지 요소

- 도시마케팅의 비전: 도시마케팅 계획 추진체에 의해 구상·계획되는 도시브랜드의 정체성에 관한 미래의 항로와 발전방향
- 도시마케팅 범위: 도시마케팅에 영향을 미칠 수 있는 세부시장, 도시마케팅의 내용
- 도시브랜드 포지셔닝: 도시브랜드에 대한 방문자의 인식, 목표로 하여 시장 세크멘트를 고려한 프로젝트의 포지셔닝
- 도시브랜드의 특성: 도시브랜드만의 개성, 심리적 연상, 파트너십을 통해 도시만의 고유한 도시성 발견
- 도시브랜드 핵심요소: 경관, 문화, 환경, 역사, 인적·물적 자원 등 도시브랜드의 가치와 요소 발굴

Painted by Jaimu Won

PART 04

장소마케팅과 장소브랜딩

Chapter 15

도시패러다임과 장소마케팅

15.1 생산장소에서 소비장소로

1) 생산장소에서 소비장소로의 전환

- 세계화는 세계경제를 제조업에서 서비스와 지식산업으로 패러다임을 바꾸어 놓았다. 이는 관광 레저, 전문서비스, 판매업 등이 상대적으로 부각하는 기반을 만들어 준 것이다.
- 이를 두고 Fairstein과 Judd(1999)는 도시가 생산장소에서 소비장소로의 변환되는 현상으로 정리하고 있다. 이런 변환은 역사적으로 다양성의 경제가 둥지를 튼 도시보다 커다란 산업지역(공장지대 등)들이 펼쳐져 있는 도시에서 발견될 수 있다.
- 소비기반 경제로 변함에 따라 재생사업에서도 신 주류의 도시주거 전문직 고소득층(여피: yuppies)들이 포스트모던 식의 소비를 주도하게 되었다.
- 이로서 오랫동안 버려졌던 수변공간과 같은 재생지가 포스트모던 형식의 건물들이 들어 오게 되어 판매(retail) 중심의 복합용도 건물이 들어서게 된다.
- 세계도시 속에서 도시 간의 경쟁은 노동비, 원자재(원료)에 대한 질과 접근성 등의 생산요소로부터의 경쟁으로부터 삶의 질, 정주환경, 쾌적성, 문화성, 장소성 등의 소비요소 간의 경쟁으로 급격히 전환되고 있다.
- 소비요소 간의 경쟁시대로의 돌입은 도시경쟁력강화를 위한 투자 유치뿐 아니라 도시이미지 재구축과 새로운 이미지 메이킹을 적극적으로 유도하고 있다.

테임스 강변에서 본 런던

Casa | Vetores e Fotos | Baixar gratis

- 대형장소개발사업에서 주로 민간이 깊숙이 참여되어 있으므로 당연히 이윤 추구의 소비 장소로 갈 수밖에 없다.
- 이에 따라 대형 장소개발사업의 입지도 수익성과 상징성이 비교적 우수한 도심, 주요 수변 공간 등 주로 소비 장소가 선정되는 경우가 대부분이다.

15.2 탈근대 속의 도시 재브랜딩

- 포스트모던 조류 속에서 장소의 재브랜드화가 추세이다. 장소에 대한 중요성이 부각되면서 경쟁력 있는 도시재생 장소에 대한 관심이 높아지고 있다.
- 장소만이 지니는 고유한 특성, 즉 장소성이 장소(도시재생 장소 등)의 경쟁력이 되고 있는 것이다. 장소를 팔기 위해서는 장소의 가치와 이미지를 발굴해야 한다.

Painted by Jaimu Won

- 장소개발 사업은 해당도시의 새로운 비전 속에 도시의 재브랜드화(rebranding) 또는 마케팅 전략으로 활용되기도 한다.
- 예컨대 산업도시로부터 창조적, 역동적, 관광적 도시로의 과감한 전환 등이다. 도시재생 사업 후에 거래되는 것은 단순한 상품이 아니라 장소가 지니는 장소성인 것이다.
- 장소의 내면의 역사·전통 등이 마케팅과 결합되어 거래가 이루어지는 것이다.

- 장소개발사업은 도시와 지구(sites)의 장소성을 구현하면서 장소의 재브랜드를 꾀한다.
- 새로운 장소 만들기는 기존의 산업중심 도시 이미지를 탈피하기 위한 수단적 가치로서 그동안 폭넓게 활용되어 왔다.
- 장소 만들기는 또한 장소성 구축을 통해 글로벌시장에서 해당 도시를 마케팅하는 기반을 마련해 준다.
- 이는 탈근대도시에서 기존도시에 대한 부정적인 이미지를 걷어내고 보다 매력적이고 호감이 가는 이미지로 탈바꿈하려는 시도로 보아야 할 것이다.
- Seo(2002)는 대형도시마케팅 사업은 도시 비전의 재이미지화와 밀접한 연관성을 지닌다고 피력한다.
- Bianchini(1992)도 이런 관점에서 도시는 더 이상 생산 중심지가 아니고 소비중심이 되고 있어서 이런 소비중심도시에서 대형도시재생사업을 통한 도시 재브랜드화는 매우 중요한 역할을 한다고 주장한다.
- Baltimore Inner Harbor는 탈근대, 탈산업시대의 역동적인 재생사업으로 도시의 재브랜드화와 재이미지화에 성공한 사업으로 볼 수 있다.
- 세계도시 속에서는 장소개발과 관련된 패러다임 전환과 함께 장소개발 사업 시 산재한 다양한 자산을 검토하고 지역의 역사, 문화 전통자산을 토대로 장소를 재이미지화하려고 노력하는 추세이다.

www.thisiscolossal.com

abstract city maps by Jazzberry Blue

Painted by Jaimu Won

15.3 계획방식의 전환

- 계획 유형의 관점에서 보면 프로젝트 기반(project based) 접근방식의 대형 장소개발사업은 기업가적 도시모델에서 활용되는 방식이다. 이 방식에서 계획(Plans)은 그다지 중요하게 취급되지 않는다.
- 예컨대 해당도시의 도시기본계획이나 도시 재개발계획 등은 종종 무시되기 일쑤이다. 이는 대형장소개발에서는 프로젝트의 역할과 기여에만 초점을 맞추기 때문이다. 따라서 계획 그 자체에는 커다란 관심을 갖지 않게 된다.
- Healey(1997)는 이런 대형도시재생사업의 계획방식은 계획을 통한 계획과정(planning through plans)이라기보다 프로젝트를 통한 계획과정(planning-through projects)이라고 지칭하고 있다.

프로젝트 위주의 계획방식에는 하향식(top-down)방식과 상향식(bottom-up)방식으로 나누어질 수 있다.

www.grand-paris.jll.fr

Le Grand Paris-Grand Paris Project

news20.busan.com

독일 엠셔파크 프로젝트, 라인강 주변 쇠락한 공장 지대가 생태 관광명소로 전환

- 하향식 프로젝트의 예로는 런던의 밀레니엄과 파리의 그랑프로제(그랜드 프로젝트)를 들 수 있다.
- 상향식 방식은 독일 루르지역의 IBA 엠셔파크(1989~1999)프로젝트인데 100개 이상의 상징적·문화적사업이 관민의 협력체계구축으로 성사되었다.
- 새로운 프로젝트 위주 계획방식은 과거의 공간계획도 도시성장계획에 따라 공간을 배분하고 토지이용을 짜는 방식에서 이해자간 협력체계를 구축하고 조정하는 거버넌스 형태로 전환되고 있다.
- 이러한 계획방식은 계획-지침하달-통제(plan-command-control) 방식에서 계획-모니터링-관리(plan-monitoring-manage) 방식으로 전환되고 있음을 의미한다.
- 프로젝트 위주의 대형도시재생사업 시 공간계획은 종종 여러 작은 프로젝트를 엮어 놓은 백화점식 계획이 되고 만다.
- 이 경우 대부분의 대형 장소개발 사업은 도시 맥락과 조직과는 상관 없이 프로젝트의 명성과 상징을 추구하는 방식으로 가게 마련이다.
- 자연히 재생사업도 수변재생, 오페라하우스, 국제 상업업무지구, 국제공항, 고속전철역, 컨벤션센터와, 메세(전시장), 국제문화공간, 스포츠시설(올림픽 경기장 등) 중심의 대형 프로젝트를 전개될 수밖에 없다.

spencerdecker.com

Convention Center Hotel

www.arcspace.com

Tadao AndoHyogo Prefectural Art Museum & Kobe Waterfront Plaza (2001)

15.4 스마트 성장의 대두

- 미국에서 60년대와 90년대 사이의 도시화와 도시의 외연적 확산은 도시의 무질서한 개발과 성장을 가져왔다.
- 이러한 도시의 무질서한 확산과 개발로 인한 문제와 피해를 줄일 수 있는 대응 방안으로 미국에서는 도시재생사업에 스마트 성장이라는 도시 패러다임을 적용하기 시작했다.
- 스마트 성장은 압축개발(Compact Development)과 복합개발(Mixed-Use Development), 대중교통중심개발(Transit Oriented Development) 기반의 지속가능한 성장을 해 가는 도시재생 방향을 원칙으로 하고 있다.
- 스마트 성장이 신전통주의 설계(New-traditional Design)와 신도시주의(New Urbanism)로부터 파생되어진 정책이라는 주장도 있지만 미국의 연방정부 및 주정부의 도시성장 관련 정책적 가이드라인이라고 보는 것이 보다 설득력 있다.
- 스마트 성장은 도시재생 사업지를 환경적으로 지속가능하게 하고, 경제적으로 풍요롭게 하면서, 사회적으로 건강한 도시로 성장할 수 있는 자양분이 되는 일종의 도시재생 패러다임이다.
- 스마트 성장을 통한 도시재생이 가능하기 위해서는 민간사업자와 정부, 시민단체(NPO) 등의 협력이 필수적이다.
- 스마트 성장은 대중교통과 보행자 중심도시를 전제로 하면서 주거, 상업, 업무기능이 혼합된 복합토지이용의 도시재생을 추구하고 있다.

15.5 대중교통중심개발(TOD: Transit-Oriented Development) 사상 출현

- TOD는 Calthrope(1993)가 뉴어바니즘에 입각하여 지속가능한 도시재생 사업의 계획적 패러다임을 제시한 것이다.
- 그는 도시재생규모 및 입지에 따라 TOD모형을 도시형 TOD(urban TOD)와 근린주구형 TOD(Neighborhood TOD)로 구분하였다.
- TOD모형을 통한 도시재생 기본원리는 재생지 개발의 규모를 대중교통 기반형태가 되도록 한다는 것이다. 대중교통 정차장 인근의 보행거리 이내에 상업·주거·직장·공원·공공용도 등이 입지되도록 계획한다.
- TOD는 목적지까지 연결되도록 보행 친화적인 가로 연계망을 구축하고 건축계획에 있어서 주거유형, 밀도, 비용의 적절한 혼합을 도모한다.
- 대중교통역 주변 주거지에 양질의 오픈 스페이스를 확보하여 생태적으로 민감한 서식지와 하천유역을 보존한다.

www.pinterest.com

transit-oriented development

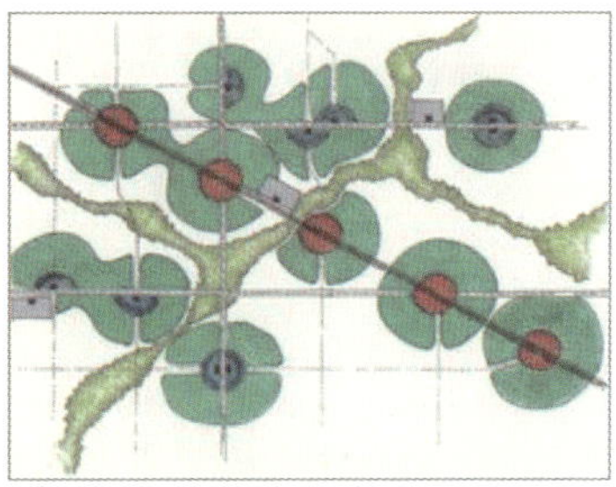

www.esri.com

transit-oriented development

- 공공공간에는 주민활동 공간을 조성하여 기존 근린주구 내의 교통회랑을 따라 도시재생을 도모한다.
- TOD의 계획 철학은 도시재생 사업 시 계획과 디자인에 상당한 영향을 미쳐왔다.
- 특히 세계도시에서 역세권 재생사업에는 TOD의 개념이 폭넓게 적용되어 왔다고 할 수 있다.

15.6 도시 거버넌스의 변환

- 지난 몇십 년 간의 서구도시의 도시재생사업을 포함한 대형장소개발 사업을 보면 도시거버넌스 측면에서 도시경제성장에만 초점을 맞추어 왔다.
- 장소개발의 목표, 의사결과정과 정책도구 등이 모두 기업가정신에 기반한 대형 재생프로젝트 중심의 이윤 지향적 사업에만 몰두해 왔다는 의미이다.
- Harvey(1989)는 이런 정책 패러다임의 전환을 도시 거버넌스가 관리적(managerial)에서 기업가적(entrepreneurial)형태로 전환해 왔음을 보여준다고 하고 있다. 이를 일반적으로 관리도시(managerial city)에서 기업도시(entrepreneurial city)로의 변환이라고 할 수 있다.
- 기존의 재생사업처럼 지자체 주도의 거버넌스 속에서 추진되어 오던 프로젝트가 최근의 장소개발사업은 관민협력(public-private partnership)체계 또는 민간 주도형으로 전환된 것이다.
- Gordon(1997)도 이런 관점에서 도시 내 수변 재생사업은 주로 준 정부기관 또는 공공민간협력기구에 의해 진행되었다고 한다. 예를 들어보면, 1960년 이후 보스톤의 도시재생(특히 수변재생 사업)은 프로젝트를 중심으로 주변동네와 민간부분에 의해 추진되어 왔다.
- 기업가적 접근방식의 도시재생 추진방식의 문제는 부동산 시장의 불확실성, 지역주민의 민원, 환경단체의 저항, 불투명한 의사결정과정 등을 들 수 있겠다. 민간 주도의 장소개발 방식은 위험부담이 크고, 사업주체가 파산하기 쉬우며, 여러 이해집단 간의 이해조정은 쉽지 않다.

- 특히 재생사업으로 인해 해당 주민의 복지 혜택이 축소될 수 있다는 점이 커다란 이슈로 제기할 수 있다. MacLeod(2002)도 이런 관점에서 프로젝트 중심 재생사업은 도시 내의 부의 분배와 사회복지에는 관심을 쏟지 않기 때문에 도시복지가 위축될 수 있다고 경고한다.
- 민간 주도형 도시재생으로 인한 도시복지예산의 축소를 우려한 일부 도시들은 대형 도시재생과 같은 장소개발 프로젝트를 통한 일자리 창출과 투자 유치를 정책목표로 삼기도 한다(Cook, 2004).
- Bianchini(1992)는 대형장소개발 사업들이 상징적인 고급 명품단지 개발을 통해 도시재생에서 엄청난 영향을 발휘해 왔다고 주장한다. 이 같은 맥락에서 도시경쟁이 심해지는 여건에서 대형 도시재생사업을 통해 성장과 보다 많은 자본을 축적하지 않으면 프로젝트가 생존하지 못할 것이라는 우려감이 팽배한 것도 현실이다.

Chapter 16

장소마케팅이란?

16.1 장소마케팅(Place Marketing)의 뜻

(1) 장소마케팅의 개념

- 장소마케팅은 장소와 관련된 이미지, 디자인, 환경 등과 같은 가치를 만들어 장소와 관련된 고객에게 소비를 유도하여 장소의 발전을 도모하는 과정이다.
- 장소마케팅은 장소마케팅의 주체가 장소의 가치라는 상품을 만들어 장소의 투자자나 방문자와 상호 교호작용을 거쳐 전달하는 과정 또는 행위라고 할 수 있다.
- 장소마케팅은 장소를 그 정체성(identities)과 가치(values)를 설계하고 팔아야 하는 하나의 상품으로 인식하는 접근개념이다(Kotler, Haider and Rein, 1993).
- 장소도 장소의 생존과 경쟁력을 유지하기 위해서 마케팅이 필요한 것이다. 장소는 장소자원을 발굴하여 상품화하고, 브랜드 정체성을 구축해야 한다.
- 장소마케팅은 단순히 상품을 판매하는 장소(Selling Place)의 의미가 아니라 정체성(Identity)을 갖춘 지역공간을 어떻게 구성할 것인가, 지역을 찾아오는 구매자의 욕구와 기호를 충족시켜 주기 위해서 어떤 프로그램을 어떻게 만들어낼 것인가, 어떤 방법을 통해 외부자본을 끌어들일 것인가 등을 고려하는 포괄적인 개념이라 할 수 있다.
- Philo & Kearns(1993)는 장소마케팅을 '장소를 관리하는 개인이나 조직에 의해 추구되는 일련의 경제적·사회적 활동으로 정의한다. 그는 장소마케팅을 지리적으로 규정된 특정한 장소의 이미지를 매력적으로 보이게 해서,

architectureau.com

Drawing for Landscape Architecture

blogspot.com

home-style-decor

기업가(투자자)와 관광객, 심지어는 지역주민들에게까지 그 장소를 판촉하는 다양한 방식의 노력'이라고 보고 있다

(2) 장소마케팅에 대한 Kotler(2002)의 정의

- 장소마케팅의 분야는 관광, 여행, 레저, 비즈니스, 거주자 등의 유치에 초점을 맞추고 있다.
- 장소마케팅은 일반 비즈니스와 같이 시장경제의 논리와 기업가적 전략 등에 의해 경쟁시장 비즈니스를 추구한다.
- 장소마케팅은 장소상품의 구매자를 대상으로 하는 판매를 촉진행위이다.
- 장소마케팅은 장소소비자의 필요와 욕구, 장소상품구매 결정이나 인식변화에 대한 정보가 요구된다.
- 장소마케팅은 글로벌시장 네트워크를 지양하면서, 장소와 관련된 지식, 가치, 아이디어를 통한 부가기치를 창출하는 것을 추구한다.

(3) 장소마케팅의 효과

- 장소마케팅은 장소를 상품화하여 판매하는 활동이다. 장소마케팅은 장소를 외부에 알리기 위해 마케팅 원리를 도입한 행위이다. 장소를 관광, 비즈니스, 쇼핑, 문화, 주거 등을 위한 매력적인 공간으로 만들어 고객을 끌어

들이는 마케팅과정으로 본다.

- 장소마케팅은 장소와 관련된 기업의 이익창출에 기여하고, 일자리 창출, 도시와 주민들의 소득증대에도 기여한다.

(4) 장소마케팅의 목적

- 장소마케팅은 장소의 가치라는 상품으로 고객(방문자)이 장소에 가지는 이미지와 태도를 바꾸어 놓는 데 목적을 둔다.
- 장소마케팅은 지역의 특정 장소와 이미지를 기업가와 관광객, 주민들에게 매력적인 곳으로 인식되도록 특정 지역의 이미지를 구축하고 이를 판매하려는 다양한 방식의 노력을 목표로 삼는다.
- 장소마케팅이란 역사, 전통 문화, 관광자원 등을 활용하여 장소를 판촉하여 지역경제를 살려내는 일이다. 방문자나 주민들에게 장소에 대한 이미지를 전달하기 위한 노력과 활동을 추구한다.
- 장소마케팅은 장소의 정체성 구축을 통한 도시나 지역의 경쟁력 강화를 그 목적으로 한다.

Bergen, Norway Painted by Jaimu Won

(5) 장소마케팅 고려사항

❁ 장소는 복잡한 상품

- 장소 자체가 복잡한 상품이다.
- 방문객이나 거주자에게 하나의 장소가 다른 여러 장소들과 분리되어 인식될 수 없다.

- 부산에서 관광객에게 제공되는 장소상품은 부산시민들이 좋아하는 장소상품과 중복될 수 있다. 쇼핑몰에서는 모든 고객에게 다양한 상품을 제공하지만 개별 쇼핑고객은 각자 선호하는 상품을 구입한다.

❁ 고객들의 장소상품에 대한 차별적인 인식

- 고객들은 기업의 상품보다 장소상품을 더욱 다르게 인식한다.
- Lynch(1960)에 의하면 우리는 빌딩, 공공공간, 예술, 거리디자인, 사람, 개인경험, 동료의 경험에 의해 장소에 대한 다양한 신호를 받는다고 한다.
- 장소관련 모든 요소들이 장소와 소통하고 있으며 동시에 도시의 목표집단의 심상과 상호작용하게 된다.
- 이런 다채로운 요소와 장소 간의 소통들이 우리가 해당 장소에 대해 느끼는 인식을 서로 다르게 만들어 준다.

(6) 정치적·행정적 환경에 대한 고려

- 장소마케팅에서는 장소마케팅과 관련된 의사결정이 이루어지는 정치적·행정적 환경을 고려하지 않으면 안 된다. 장소브랜딩은 정치적 의사결정의 대상이 될 수 있다. 따라서 지방정부의 행정부서와 정책결정과정을 살펴보아야 할 필요성이 있다(Braun, 2008).

Abtract Landscape Painted by Jaimu Won

- 장소마케팅이 처한 이러한 환경과 조건이 비즈니스 브랜딩과는 차이가 있을 수밖에 없다.

16.2 장소마케팅이 일어난 배경

1) 세계시장에서 '장소팔기 경쟁'의 심화

- 세계의 주요 도시들은 세계화라는 패러다임에 깊이 사로잡히게 됐다. 장소의 경쟁 메커니즘이 한 도시의 경제권을 넘어 세계 도시로까지 뻗어나가고 있다. 세계화는 상품과 자본의 도시 간 자유로운 이동을 강제했으며, 구미의 자본과 소비패턴이 세계의 도시를 지배하는 새로운 질서를 만들어 내고 있다. 자본은 생산과 소비를 위한 최적의 도시를 자유롭게 선택할 수 있는 단계에 접어들었다.
- 장소 간의 경쟁구도는 투자자, 방문객, 주민들을 유치하기 위한 치열한 싸움으로까지 번져나가도 있다. 이와 같은 관점에서 보면 세계화는 장소를 팔아야 하는 상품으로 이끌어주고 있다. 장소는 이제 투자자나 방문객들이 소비하는 대상으로 변화하고 있는 것이다(Ashworth and Voogd, 1995; Kearns and Philo, 1993). 그러므로 세계화는 개별 장소로 하여금 장소의 상품에 대한 마케팅을 부추기고 있다고 해야 할 것이다.

2) 장소이미지 변화를 통한 장소의 글로벌 경쟁력 확보 노력

- 글로벌시대에 들어와서 도시간 자본과 노동의 교류가 이루어지고, 방문객과 관광객이 자유롭게 넘나들고 있다.
- 포디즘(Fordism) 속에서 뿌리를 내린 제조업 중심의 산업지역들이 신산업

의 출현, 소비성향의 변화, 지속가능성의 대두, 노사관계 악화 등으로 시달리면서 도시재생을 통해 새로운 장소로 탈바꿈을 시도하게 되었다.

- 장소마케팅은 서구 산업도시들이 경제쇠퇴에 대한 대안으로 장소의 이미지의 변화를 통해 자본과 신산업 등을 끌어들이고자 시도한 것에서 유래된다.
- 세계 도시들의 지도자들은 해당 도시의 사회경제적 경쟁력 확보를 위해 도시마케팅을 통한 장소이미지 향상과 장소차별화 전략을 추구하게 된 것이다.
- 도시들은 비즈니스, 관광, 주거가 편리하고 쾌적한 환경을 창조함으로써 방문객을 유치하려 안간힘을 쓰고 있다.
- 자본의 국제화와 세계화로 인해 각 지역 간 투자, 기업, 주민, 관광객 유치에 대한 경쟁이 심화되고 있다.
- 자본의 국제화, 세계화에 따라 도시 간에 투자를 끌어들이기 위한 경쟁이 심화되어 도시의 경쟁력을 강화하기 위한 전략이 필요하게 되었다.
- 주민, 투자자, 방문객의 입장에서는 기존도시의 부정적 이미지를 탈피하여 새로운 이미지를 재구축할 필요성을 느끼게 되었다.
- 투자자나 방문객들은 장소상품의 소비자 또는 고객으로 태어나고 있다.
- 투자자나 방문객들을 유치를 위한 장소 간의 경쟁도 본격화되고 있다.

3) 장소의 차별성 강조

- 세계화에 의한 도시 간의 경쟁, 지방화, 생활양식의 다양화로 장소마다 차별화된 마케팅이 요구되는 시대에 접어들었다.
- 도시들은 지속가능한 개발, 도시재생 등을 통한 도시와 장소의 이미지 변화로 장소의 비교우위를 강조하지 않으면 안 될 시기에 접어들었다.
- 지역 간 경쟁에서 지역의 이미지는 기본적으로 중요한 요소로 작용하기 때문에, 긍정적인 지역의 이미지가 재정 혹은 자원을 얻기 위한 강력한 도구

가 되었다.

- 기존의 산업 도시의 지도자나 시민들의 마음에는 쇠퇴한 도시라는 부정적 이미지를 탈피하여야만 살아남을 수 있다는 인식이 강하게 자리 잡고 있다.
- 주민과 투자자, 방문객들에게 장소의 새로운 이미지를 재구축해야 할 필요성을 느끼게 되었다.

4) 기업가 주위의 도시 거버넌스(협치) 필요

- 장소 간에 일자리 및 기업유치를 위한 경쟁이 심각하여, 장소마다 투자유치 선점을 위한 차별화 전략이 필요하게 되었다.
- 고유성, 문화성, 장소성, 다양성 등을 강조하는 포스트 모더니즘적 사고가 도시계획 및 공공부분을 지배함에 따라 관민협력체계라는 새로운 거버넌스의 중요성이 부각되고 있다.
- 시정부(지자체) 등 공공부문의 장소계획과 개발과정이 하향식(Top Down)으로부터 상향식으로 바뀌어 가고 있어서 주민, 개발자, 투자자 등을 아우르는 새로운 의사결정 시스템을 필요로 하고 있다.
- 시정부 등 공공기관이 행정·지도주의에서 기업가주의 정부로 전환하고 있다.
- 장소마케팅을 통한 도시경쟁력을 강화시키기 위해서는 관이 민간부문과 협력해야 하는 민관협력 관계로 변화되어야 한다는 점을 민관 모두 인식하고 있다.
- 시정부 등 공공기관에서도 민간의 창의적인 개발을 통한 장소경쟁력 확보를 기대하고 있다.
- 커뮤니티 주민들이 삶의 질과 주변 장소환경에 대해 보다 폭넓은 인식을 함에 따라 커뮤니티의 장소성과 고유성에 대한 관심도 높아지고 있다.
- 경쟁 장소에 비해 더욱 매력적인 위치에 있을 수 있도록, 경쟁 우위를 향상시키기 위해 장소마케팅에 대한 요구가 증가되고 있다.

Chapter 17

장소브랜드

17.1 장소브랜딩이란?

1) 장소브랜딩의 개념

- 장소브랜딩은 장소와 관련된 물리적, 사회심리적 속성과 신념을 포괄하는 과정이다.
- 장소브랜딩은 경쟁장소에 비해 보다 단단한 포지셔닝을 해주는 역할을 해주는 과정이다.
- 장소브랜딩은 장소의 속성을 선정하고, 속성과 교류하는 일련의 과정이다.
- 장소브랜딩은 사람들의 인식과 이미지에 초점을 맞추고 있다. 장소를 브랜딩하여 경영한다는 것은 사람들의 정신적 지도(mental map)을 통해 현재의 장소여건을 개선하고 바람직한 미래의 장소를 만들도록 유도하는 일이다.

Budapest, Hungary Painted by Jaimu Won

- 슬로건이나 로고에 의해 장소가 갑자기 새로운 아이덴티티를 얻는 것이 아니다. 사람들이 Pablo Picasso의 작품에 가치를 부여하는 것은 그의 미술스타일보다도 그의 특징적인 상징성(signature) 때문이다.
- 장소브랜딩 전략으로 슬로건이나 로고가 유용한 도구이긴 하지만 슬로건이나 로고는 장소브랜딩 전략 자체로 볼 수 없다.

- 해당 장소의 브랜드를 홍보하기 위한 전략적인 브랜딩은 장소공간의 이미지, 환경, 문화 등의 무형적인 요소와 공간개발과 문화발굴 등을 통해서 이루어진다.
- 장소브랜딩은 '지역의 상품이나 서비스를 다른 장소와 구별하기 위해 사용하는 명칭, 용어, 상징, 디자인 혹은 이들의 결합체'를 만들어가는 과정이라고 할 수 있다.
- 기업브랜드 자산이 새로운 고객을 창출하고 상품의 부가가치를 높이는 것과 마찬가지로 장소브랜드도 기업 및 거주민을 유치하고, 관광객을 끌어들일 뿐 아니라 장소상품의 판매를 촉진함으로써 부가가치를 높이는 역할을 한다.

2) 상품에서 장소로

(1) 장소를 상품으로 간주하기 힘든 이유

- 장소는 너무 복잡해서 상품으로 보거나 간주하기가 힘들다. 이런 관점이 브랜드로서 입지의 촉진에 관한 논문을 찾아보기 힘든 이유이다.
- 장소는 상품이 아니고, 정부는 생산자가 아니며, 장소이용자는 소비자가 아니기 때문에 장소브랜딩하기가 힘들다.
- 상품처럼 장소도 아이덴티티, 차별성, 개성 등을 지니고 있어서 자산, 가치를 높일 수 있다. 그러나 이러한 상품브랜드의 특징을 장소에 적용해보면 여러 가지 혼선이 일어나게 된다.
- 장소를 이용하는 고객의 관점에서는 장소브랜딩이 장소문화라는 보다 포괄적인 가치와 관련되어 있다는 점이 장소를 상품으로 보기 힘든 이유이다.
- 고객이 느끼는 장소감, 이해도, 장소애착 등을 고려하면 장소를 최종이용자(end-user)의 관점에서 살펴보아야 한다.

- 어느 장소가 무역, 인구, 경제발전, 투자 등에 있어서 다른 장소와 경쟁하는 여건에 처해 있다면 장소브랜딩이 스며들 여지가 있다고 본다. Jones(1986)는 브랜드를 '기능적인 편익(수익)에다 부가적인 가치를 지닌 상품'으로 개념화한다.
- 모든 브랜딩에서는 차별화된 아이덴티티로서 상품을 비교우위에 올려 놓으려는 노력을 시도한다. 이러한 노력이 장소마케팅에서는 장소가 추구하는 목표가 된다.

3) 장소브랜딩의 3가지 유형

- 장소브랜딩을 지리적 명명법, 상품-장소 공동브랜딩, 장소경영으로서의 브랜딩의 3가지 유형으로 나누어 살펴보기로 하자.

(1) 지리적 명명법(geographical nomenclature)

- 지리적 명명법은 지리적 위치나 입지를 따라 이름을 짓는 방법을 의미한다. 예로서 스파클링 와인인 'Champagne'은 장소브랜드가 아닌 상품브랜드 명이다.
- 장소는 상품과는 아무런 연관이 없는 경우가 허다하다. 파르마 햄(Parma Ham)은 북부 이탈

www.seriouseats.com

www.frenchpropertysearch.com

Champagne-Ardenne

Brussels sprout

Brussels, Belgium

리아 지역으로부터 아무런 혜택을 받고 있지 않다.

- 무명천으로 만들어진 모슬린(Moslin: 속이 거의 다 비치는 고운 면직물)은 이라크의 북부도시인 모슬(Mosul)과는 상관이 없이 브랜딩 활동을 하고 있다. 여기서는 장소브랜딩이 장소의 질을 활용하여 세계시장에 장소를 판촉하는 행위가 아니 것이다.
- Sprouts(작은 양배추)의 생산지로서의 브뤼셀과 유럽의 수도로서의 브뤼셀은 완전히 다른 것이다.
- 그러나 일부 지역에서는 장소의 특징을 이용하여 상품을 판매하는 장소브랜딩이 일어나고 있기도 하다.

(2) 공동브랜딩(co-branding)

- 상품 공동브랜딩의 대표적인 예가 'fish and chip'이다. 상품과 장소의 공동브랜딩은 상품이미지에 도움이 되는 장소와 버무려 브랜딩하는 것을 의미한다. 'Swiss watch'가 이에 해당되는데 'Swiss watch'는 'Cham-

Swiss Watch Brands

pagne'과는 다르게 지리적 명명법을 이용한 사례이다. 왜냐하면 'Swiss watch'의 브랜드 목표는 스위스 사람들의 신뢰, 섬세, 정밀 등의 아이덴티티를 세계에 전달하려는 의도가 숨어 있기 때문이다. 이런 국민성은 브랜드가치를 올려주는 긍정적인 속성(attributes)이 된다.

(3) 장소경영(place management)

- 장소브랜딩을 장소경영의 관점에서 접근하는 방식이다. 만약 도시재생과 같은 재개발사업이 나름대로 독창적인 아이덴티티에 의해 추진되었다고 하자.
- 그렇다면 이 도시재생사업을 추진하기 위한 개발구상 및 계획, 예산, 프로그램, 설계, 시공 등의 과정을 종합적으로 계획하고 조정하려면 경영의 기법이나 방식이 도입되지 않으면 안 된다.
- 도시재생 사업의 완료 이후 장소의 촉진, 운영, 브랜드 구축 등의 과제가 경영기법을 필요로 하게 된다.

Cheonggecheon Stream in Autumn Painted by Jaimu Won

17.2 장소마케팅과 장소브랜딩 관련연구의 이슈 및 연구과제

(1) 장소마케팅과 장소브랜딩에서 목표집단관련 연구

❁ 장소마케팅과 장소브랜딩에서 목표집단

* 방문객
* 거주자와 근로자
* 비즈니스와 산업체

- 마케팅 현장에서 바라보면 이러한 집단들은 매우 복잡한 특성을 지니고 있다. 관광객의 예를 보면 관광객도 비즈니스와 휴가 방문객으로 나누어진다. 거주자(resident)의 경우도 내부거주자와 외부에서 유입하는 새로운 거주자로 나누어진다. 이러한 집단은 또다시 학생, 창조계급 등으로 나누어진다(Braun, 2008; Florida 2004).
- 이러한 목표집단은 집단에 따라 장소지각(perception of a place)이 다를 뿐 아니라 장소에 대한 니즈(needs)와 수요도 다를 수밖에 없다. 휴가를 위한 관광객은 쇼핑몰, 문화시설 등에 관심을 가지게 된다. 반면에 투자가들은 비즈니스 관련 정보 등을 얻기를 원한다.
- 거주자가 매력적인 거주환경을 찾는 것처럼 비즈니스는 해당 비즈니스에 적합한 비즈니스 환경을 추구하게 된다.
- 다양한 집단이 장소에 관계되어 있기 때문에 장소에 대한 인식(perception)을 파악하기가 쉽지 않다. 따라서 장소브랜딩은 장소에 대한 목표집단의

다양한 인식에 초점을 맞추어야 한다.

- 이런 관점에서 Grabow(2006)는 기존의 장소브랜드 연구들이 목표집단을 올바르게 분류하지 않았고, 부실한 이론적 틀 속에서 연구가 진행되는 한계를 나타내고 있다고 지적한다.

www.lizsteel.com

Sydney USKers "Chris Haldane Point"

(2) 장소마케팅 모델의 유형 및 목표

- 장소마케팅은 장소에 대한 부정적인 이미지를 쇄신하고 매력적인 장소이미지를 창출함으로써, 지역경제활성화와 지역주민의 정체성 확보를 동시에 달성하려는 배경하에 등장하였다(서울시정개발연구원 월드컵지원연구단, 2000).
- 장소마케팅은 주로 쇠퇴한 공업도시들의 이미지 재구축 및 경제 활성화 대안으로 등장하였으며, 도시경쟁력 강화수단으로 도입된 특징이 있다(삼성경제연구소, 1998).
- 장소마케팅은 주로 문화전략으로 접근하여 왔는데, 도시문화전략으로서 주의를 끌었던 세 가지 모델은 통합모델(Integration model), 문화산업모델(Cultural Industry Model), 판촉(또는 소비자중심주의) 모델이다(Promotion or Consumerist Model). 3가지 모델들이 추구하는 전략과 목표들은 상호 분리된 것이라기보다는 하나의 장소마케팅에 긴밀히 연계되어 있으며, 각각 창조성과 상상력을 동원해 이러한 전략들을 상호 결합하여 사용하고 있다(이무용, 1997; 삼성경제연구소, 1998).

❁ 통합모델: 지역사회 통합(integration)

- 장소마케팅을 통하여 지역주민들에게 지역에 대한 정체성, 소속감, 자긍심을 확립시켜 주고, 지역 주민의 정서 안정을 도모
- 문화공간 등 지역주민이 공유하는 공공영역 창출, 지역이미지 사업, 지역복지 사업 등을 통해 지역복지 구현
- 기존의 주민들을 붙잡아 두려는 방어적 목적
- 대표적 예: 볼로냐, 로마(이탈리아)

❁ 장소 판촉(promotion) 모델

- 문화, 홍보 등 일련의 장소마케팅 기법을 도시를 판촉하는 수단으로 사용하자는 취지
- 장소마케팅을 다음과 같은 목표를 달성하기 위한 수단으로 사용
  1. 전문가 집단의 삶의 질을 개선하여 기업투자 유치
  2. 관광객 유인
  3. 일과 후에도 사람들을 도시에 머물게 함으로써 지역경제 활성화에 이바지
- 주로 복합용도개발이나 문화지구 형성을 통해 오피스, 상업, 외식시설, 문화시설물 간의 상승작용을 일으킴으로써 도시의 물리적 개발계획의 이윤 확보
- 대표적 예: 피츠버그(미국), 글래스고우(영국)

❁ 문화 산업화(cultural industry) 모델

- 문화, 역사 등 장소마케팅 방법을 통하여 문화를 산업화하자는 것
- 문화상품의 생산과 유통을 지역경제 성장의 중요한 통로로 활용하여, 문화산업 자체가 지역의 고용, 소득창출의 주 원동력이 되도록 함
- 대표적 예: 런던, 쉐필드(영국)

17.3 장소브랜드 인식과정

- 기업브랜드는 미션, 핵심가치, 신념, 커뮤니케이션, 문화, 디자인이 녹아 든 기업의 시각적·언어적·행동적인 총체이다. 이러한 기업브랜드를 장소 브랜딩과 고객마인드 속의 연상네트워크에 적용시켜 볼 수 있다.
- 이 같은 맥락에서 장소브랜드를 장소의 가치, 신념, 커뮤니케이션, 문화, 디자인을 통한 장소의 시각적·언어적·행동적인 표현이 녹아 든 고객마인드 속의 연상네트워크라고 볼 수 있다.
- 이러한 정의에 따르면 브랜드는 소통된 표현이나 장소 물성(place physics)이 아니라 목표집단의 마음속에서 나오는 지각으로 본다는 것이다.

〈장소브랜드 인식과정의 개념도〉

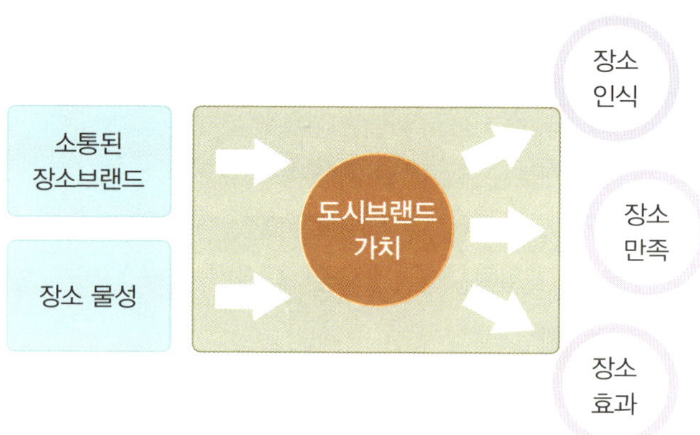

- 이런 지각(perception)은 장소 인식(identification)이라는 브랜드 효과를 가져올 수 있다(Anholt, 2007; Azevedo, 2009).
- 장소에 대한 지각은 목표집단에 따라 각각 다르게 나타나는데, 외적 목표집단은 장소에 대해 일반적이고 고정적인 인상을 가지고 있는 반면 내적 목표집단은 장소에 대해 다양하고 이질적인 지각을 나타낸다고 한다(Tajfel and Turner, 1979; Zenker, 2010).
- 브랜드 아키텍처의 개념(Aaker, 2004)은 다중목표집단에 대해 여러 가지 다른 전략을 가진 브랜드의 위계구조를 보여주고 있다.
- 브랜드 하우스(branded house) 접근방식에서는 기업의 우산브랜드(umbrella brand)와 유사한 독립적인 하위 브랜드에 의해 짜여진 브랜드 아키텍처가 만들어진다(Pitromilli, 2002). 목표는 목표집단 중심의 하위브랜드를 가진 우산브랜드를 구축하는 것이다.
- 브랜드 우산개념을 장소에 적용하게 되면 상위 장소브랜드인 국가로부터 도, 시, 구의 하위 브랜드로 내려가는 브랜드 아키텍처를 그려볼 수 있다. 이는 기업의 마케팅 부서의 조직구조와 거의 유사한 형태이다.

17.4 장소마케팅 목표집단과 세분시장 및 해외사례

1) 장소마케팅의 4대 표적시장과 세분시장

① 방문객: 업무목적 방문객, 비업무목적 방문객(관광객)

② 주민 및 근로자: 전문가, 숙련노동자, 부유층, 투자가, 기업가, 비숙련노동자

③ 사업체 및 산업: 중공업, 청정산업, 기업

④ 수출시장: 국내시장, 국제시장

2) 외국의 도시마케팅 사례(이무용, 1997; 삼성경제연구소,1998 토대로 재작성)

영국

(1) 런던 도크랜드

① 대상: 기업+주민+관광객

② 마케팅전략: 역사적 건물 보존, 축제개최, 문화 시설물(박물관)·상징물 건축, 하부구조개선

www.theage.com.au

Docklands' Waterfront City

(2) 브리스톨

① 목적: 지역경제활성화(문화산업부문)

② 마케팅 주체: Bristol Cultural Planning Ltd(시의원+기업+예술인)

③ 대상: 기업+주민+관광객

④ 마케팅전략: 예술·오락지구 조성, 이벤트 홀 등 문화시설 개발, 역사적 건물 보존

www.timwilmot.com

Bristol Harbour Festiva

www.delcampe.net

Bristol sketch postcard Griffin '69 Clifton Suspension bridge ...

(3) 글래스고우

① 목적: 지역경제활성화(지역이미지 재구성), 지역사회통합(애향심 고취)

② 마케팅주체: Glasgow's Miles Better 캠페인, Glasgow Action/Glasgow Development, Agency/Scottish Enterprise(의원+관료+기업)

③ 대상: 기업+주민+관광객

④ 마케팅전략: 심볼마크, 슬로건 개발-문화이벤트, 지역축제(이벤트 1990)-홍보 캠페인 강화

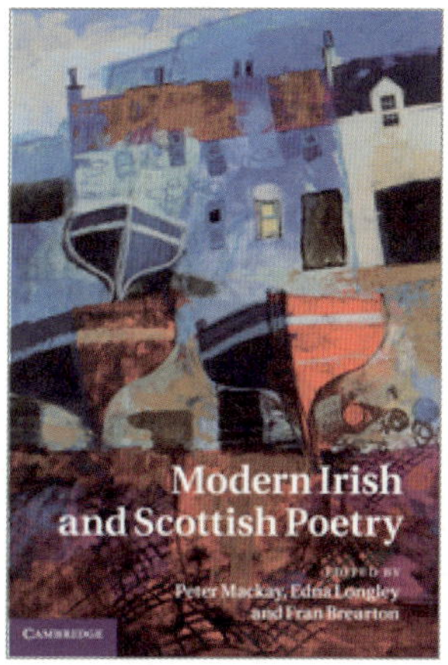

ebooks.cambridge.org

Glasgow poetry

(4) 쉐필드 돈밸리

① 목적: 지역경제 활성화(지역이미지 재구축)

② 마케팅주체: Sheffield Economic Regeneration Committee

③ 대상: 기업+주민+관광객

④ 마케팅전략: 스포츠 행사

Lynne Chapman-Sheffield-Castle-Square

미국

(1) 피츠버그

① 목적: 지역경제 활성화(지역이미지 재구축)

② 마케팅 주체: 민관합동(캠페인 조직들: The Greater Pittsburgh Office Promotion/The Urban Redevelopment Authority of Pittsburgh/The Neighborhood for Living Center)

③ 대상: 기업+주민+관광객

④ 마케팅전략: 홍보물을 통한 캠페인, 방송광고

Pittsburgh Landscape

(2) 클리블랜드

① 목적: 지역경제활성화(지역이미지 재구축)

② 마케팅 주체: The Greater Cleveland Growth Association(캠페인조직: The New Cleveland Campaign)

③ 대상: 기업+주민+관광객

④ 마케팅전략: 홍보물을 통한 캠페인-심볼마크, 상징물 개발-문화시설 건축-구조물 보존-예술오락지구조성

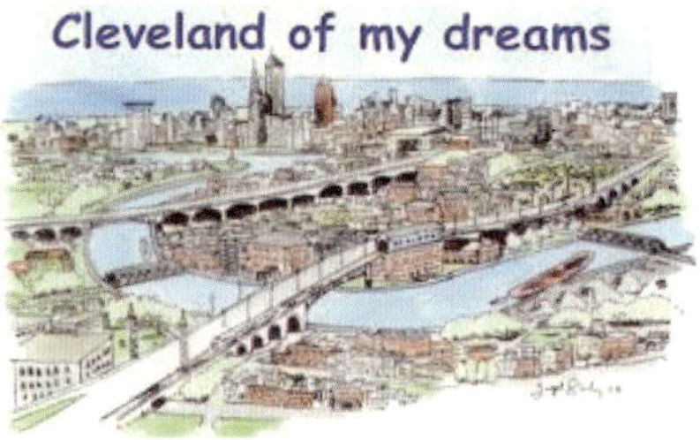

realneo.us

blog.cleveland.com

네덜란드

(1) 로테르담

① 목적: 지역경제활성화(지역이미지 재구축)

② 마케팅 주체: 지방당국

③ 대상: 기업+주민+관광객

④ 마케팅전략: 문화.오락시설('Water City' 도심 재활성화 계획)-홍보물 이용(슬로건: 'Manhattan on the Mass')-도시하부구조 개선

Renzo Piano Bulding, Rotterdam

일본

(1) 삿포로

① 목적: 지역경제활성화

② 마케팅 주체: 지방당국

① 대상: 기업+주민+관광객

② 마케팅전략: 이벤트 행사(스포츠이벤트/박람회/축제 등)

Sapporo

자료: 이무용(1997), 도시개발의 문화전략과 장소마케팅, 『공간과 사회』; 삼성경제연구소(1998), 「IMF와 지역경제활성화」 참조 작성.

17.5 장소의 구성요소와 마케팅 요소

• 김태선(1998), 최규창(1999)은 장소의 자연적 요소와 마케팅 요소를 다음과 같이 정리하고 있다.

1) 자연적 요소와 마케팅 요소

❁ 구성요소

• 토지

• 기후

• 자연경관

• 지리적 위치

❁ 마케팅 요소

• 관광자원 개발 및 유지

2) 인적 요소와 마케팅 요소

❁ 구성요소

• 인적 자본 수준

• 시민의식

• 기업가, 기술자, 행정가 등의 보유 정도

❁ 마케팅 요소

- 우수인력 유치

3) 삶의 질 요소와 마케팅 요소

❁ 구성요소

- 생활환경
- 교육, 사회복지
- 도시안전
- 문화여가, 휴식공간
- 교통 혼잡도

❁ 마케팅 요소

- 매력적인 도시디자인
- 기본생활 서비스제공

4) 경제·환경 요소와 마케팅 요소

❁ 구성요소

- 고용조건 등

❁ 마케팅 요소

- 사회간접자본 확충 정도

5) 문화적 요소와 마케팅 요소

❁ 구성요소

- 국제적 문화자원과 문화시설(건축물, 기념비, 역사유물, 인물부활)
- 문화이벤트
- 시장(상권)
- 유흥오락시설
- 문화수용성
- 학술연구기관

❁ 마케팅 요소

- 장소이미지
- 관광자원

17.6 장소자산(Place Equity)

- 장소마케팅은 특정 장소에 대한 긍정적 이미지 형성을 통해 지역을 상품화시키는 활동으로, 장소자산(place equity)에 대한 인식이 선행되어야 한다.
- 장소자산이란 지역이 가지고 있는 장소의 요소 중 긍정적 요소나 잠재성을 가지고 있어 개발할 경우 판매가 가능한 유·무형의 자원을 가리킨다.
- 장소자산이 될 수 있는 요소들은 자연적 요소, 인적 요소, 삶의 질 요소, 문화적 요소 등 매우 다양하다.
- 장소자산의 유형에 따라서 생태적 장소마케팅은 양질의 생태자연을 마케팅 자산으로 사용한다. 문화적 장소마케팅은 지역 혹은 장소가 가지고 있는 특수한 문화를 마케팅 수단으로 사용한다.
- 산업적 장소마케팅은 산업적 입지가 좋은 장소로 지역적 환경을 구축하여 기업을 끌어들임으로써 고용창출과 지역활성화를 도모하고자 하는 방식이다.

❁ 장소마케팅의 영향요인

① 공간적 요인

② 감각적 요인

③ 감성적 요인

④ 브랜드 아이덴티티 요인

⑤ 상호작용요인

⑥ 친환경적 요인

⑦ 차별화된 외적 요인

17.7 장소마케팅 현재 어떻게 활용되고 있나?

- 장소마케팅의 성공적인 수행은 재원과 인력이 열악한 도시로 인구와 자본을 끌어들일 수 있도록 하는 가능성을 제시해주었다. 이는 침체에 빠진 산업도시뿐 아니라 위기를 겪고 있는 모든 지역들에 대한 지역 활성화 전략으로 사용되기 시작하였다.
- 우리나라에서 공공부문 장소마케팅 연구는 마케팅 기법의 공공부분 적용에 대한 고찰로부터 시작되었으며, 2000년대 중반부터 장소마케팅에 대한 사례연구들이 활발히 논의되고 있다.
- 각 지방자치단체들이 자율적인 성장기반을 되찾고 지속적인 발전기반을 구축하기 위해 지역 실정에 맞는 개발전략을 수립하고 운영할 필요가 생겨나면서 장소마케팅에 대한 관심이 증가하고 있다.

1) 주요 장소에서 마케팅전략으로 활용

- 장소마케팅은 기업, 예컨대 관광지, 복합단지, 쇼핑몰, 호텔 등지에서 핵심적인 마케팅전략의 일환으로 활용하고 있다.

2) 장소마케팅은 지역경제 활성화를 위해 지자체가 사용할 수 있는 정책수단

- 현재 많은 지자체에서 각종 이벤트, 문화행사, CI, 재개발 등 장소마케팅

기법을 활용하고 있다.

- 침체지역, 낙후지역에서 기업·투자 유치 등 경제활성화 조치 차원에서 장소마케팅 기법을 사용 가능
  * 구조조정, 저성장 과정에서 고용저하, 경제침체를 경험한 지역
  * 낙후지역, 폐광지역
- 문화, 관광을 지역 주력산업으로 특화할 경우 효과적으로 활용

3) 국제적인 투자자유화 조치에 대응

- OECD 다자간 투자협정(MAI: Multilateral Agreement on Investment)의 체결로 국가간 투자 자유화가 시행될 경우, 지역기업 이탈방지 및 국제적인 기업 유치활동을 위해서도 장소마케팅을 통한 지역이미지 개선이 필요

17.8 장소마케팅의 현주소 및 장소마케팅 관련 이슈

1) 장소마케팅의 현주소

- 지자체에서 지역경제 활성화 차원에서 도시재생, 각종 이벤트, 문화행사 등을 통해 장소마케팅을 하고 있다.
- 저성장 과정에서 고용저하, 경제침체를 경험한 장소를 개발하거나 재생시켜 마케팅하고 있다.
- 낙후지역, 폐광지역의 재생을 위해 장소마케팅 전략을 활용하고 있다.
- 문화, 관광을 통해 지역발전을 도모하고자 할 경우에 장소마케팅을 효과적으로 활용하고 있다.

2) 장소마케팅 관련 이슈

- 도시브랜드와 도시마케팅이 도시경쟁력을 이끌어가는 핵심요소라는 인식이 부족하다.
- 도시를 어떻게 브랜딩하고 마케팅해야 하는가에 대한 고민과 노력이 부족하다.
- 도시브랜드를 부서별 업무와 관련시켜 활용하고 관리하는 도시 거버넌스 구축이 미흡하다.
- 도시별 다른 도시와 비교하여 아직 차별적 도시이미지가 형성되어 있지 않다.

- 도시의 경쟁우위 달성을 위한 도시브랜드 경영전략이 수립되어 있지 않다.
- 각종 이벤트 행사 등 장소마케팅 사업이 기업 유치 등과 연계되지 그치는 경우가 많다.
- 민간 부문의 협력을 통한 기금모집 등 재원확보가 이루어져야 지속가능한 장소마케팅 사업이 가능하다.
- 도시브랜드가 도시별로 유사하여 도시의 고유성, 특성 등을 읽기가 쉽지 않다.
- 브랜딩을 위한 조직설계, 업무 및 프로세스 기획, 참여자 간의 협력적 거버넌스가 구축되어 있지 않다.
- 장소마케팅에 소요되는 비용대비 성과를 평가하기가 힘들다.
- 우리 도시에서 장소마케팅의 대부분이 부동산 개발방식을 활용하고 있다.
- 장소마케팅을 위해서는 장소마다 차별적인 마케팅이 필요한데, 모든 장소가 같은 장소마케팅 전략을 활용한다.
- 장소마케팅의 이익이 지역 주민 모두에게 골고루 나누어지지 않는다.

Chapter 18

전략적 장소마케팅을 위한 계획과정

18.1 전략적 장소마케팅 과정의 단계

1) 전략적 마케팅 계획은 5단계

(1) 장소분석 단계

- 장소분석 단계로 지역의 인구통계학적·경제적 현황 파악 및 강점과 약점 파악, 기회와 위험에 연결시켜 미래를 구상한다.

(2) 비전과 목표의 수립

- 지역의 전반적인 상황을 파악했다면 일관성 있는 비전과 목표 설정해야 한다.

(3) 마케팅전략의 수립

- 목표달성을 위해 구체적인 전략을 짜야 한다. 어떻게 홍보하고 무엇을 유치하고 무엇을 내세울 것인지에 대해 여러 가지 전략을 도출해내야 한다.

(4) 전략의 실행 계획

- 수립된 전략의 실행 계획을 세워야 한다. 이를 위해서는 사업의 책임자, 실행방법, 소요비용, 예상되는 완료시기의 네 가지 사항을 명시해야 한다.

(5) 사업의 실행 및 평가

- 계획된 사업을 실행하고 이를 평가하는 단계를 거친다. 마케팅에 대한 평가는 피드백되어 목표, 전략, 또는 실행계획에 반영된다.

18.2 전략적 장소마케팅에는 어떤 요소들이 있나?

1) 비전과 목표설정

- 비전은 해당 장소가 추구하고자 하는 가치나 이상을 의미한다. 목표는 비전을 보다 상세하게 담은 실천 지향적 추구방향이다. 장소마케팅을 통해 추구하는 장소의 목표는 여러 가지로 나타날 수 있다.

❁ 비전과 목표의 예

① 지속가능한 도시
② 생태도시
③ 녹색도시
④ 유비쿼터스(U-City) 도시
⑤ ICT 도시
⑥ 문화도시
⑦ 사이언스 파크
⑧ 창조도시
⑨ 혁신도시
⑩ 이벤트도시
⑪ 축제도시

www.enterrasolutions.com

Smart Cities

www.123rf.com

sustainable city concept

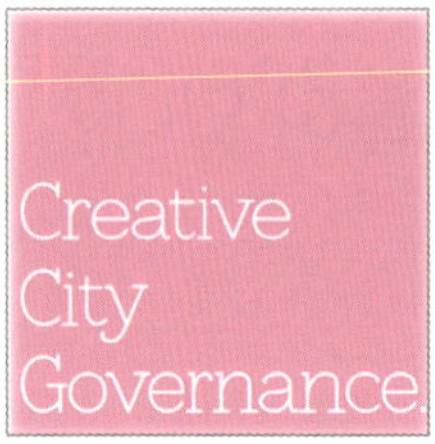

dploydublin.com

www.andreasmua.com

Event City

www.city.yokohama.lg.jp

City of Yokohama: Culture and Tourism Bureau-Creative City

www.albawaba.com

Dubai Festival City Mall

2) 주체

- 장소마케팅의 주체는 정부, 주민, 기업, 개발자 등이다. 정부는 지방자치단체, 도시개발공사, LH공사 등을 말한다. 개발자나 기업은 테마 파크나 복합몰 등을 개발하는 기업을 의미하고, 주민은 도시재생사업 등에서 지역에 거주하는 주민들을 포함한다.
- 이러한 장소마케팅 주체들은 관계마케팅 관점에서 구매자 파트너십, 공급자 파트너십을 구축하며 장소마케팅을 추구한다.
- Morgan & Hunt(1994)와 최규창(1990)의 관계마케팅의 파트너십 영역 및 대상을 재정리하면 다음과 같다.

(1) 내부 파트너십 대상

- 지역주민
- 기업
- 지방정부 부서
- 행정공무원
- 전문가

(2) 공급자 파트너십

- 도시계획가, 시행사
- 연구용역자
- 건설 및 개발 담당자
- 공사
- 연구기관

(3) 구매자 파트너십

- 방문자(관광객)
- 투자자
- 이민거주자
- 국내외 기업

(4) 측면 파트너십

- 중앙정부
- 비영리조직
- 경쟁자(국내 및 타 지역)

3) 목표 집단

- 장소가 추구하고자 하는 마케팅 목표에 따라 마케팅 목표 집단의 윤곽을 잡을 수 있다. Kotler(1993)는 장소를 구매하는 시장을 아래와 같이 설정하여 목표 집단을 모색한다.
  ① 방문객
  ② 거주민
  ③ 기업
  ④ 수출시장

Kotler(1993)와 김태선(1998)은 위의 목표 집단을 대상으로 하여 아래와 같은 장소마케팅 전략을 제시한다.

❁ 방문객 목표 집단과 마케팅전략

- 목표 집단
  * 사업목적 방문객(각종 회의 및 이벤트 참가, 장소물색, 상품매매 등)
  * 비사업 방문객(관광객, 여행객, 친척방문 등)

- 마케팅전략
  * 방문객 유인전략

❁ 새로운 거주자 목표 집단과 마케팅

- 목표 집단
  * 전문직 종사자
  * 숙련노동자
  * 부유층
  * 투자자
  * 사업가
  * 비숙련 노동자(내국인, 외국인)

- 마케팅전략
  * 인구구조변화 전략

◈ 기업 및 산업

- 목표 집단
  * 국내외 기업본사 및 공장
  * 중공업
  * 정보통신산업, 서비스업, 청정산업
  * 문화 · 관광 · 지식산업
  * 국제이벤트 산업

- 마케팅전략
  * 기업유치전략
  * 기업확장전략
  * 중소기업 지원 및 창업전략

◈ 수출시장

- 목표 집단
  * 국내시장
  * 해외시장

- 마케팅전략
  * 투자유치
  * 수출

4) 상품

- Kotler(1988)가 제시한 마케팅 분야에서의 상품의 세 가지 수준, 즉 핵심제품(core product), 실체제품(tangible product), 확장제품(augmented product)

을 적용하여 상품을 세분화하고 있다.

- 이를 장소마케팅에 적용하면 아래와 같은 장소상품의 유형이 도출될 수 있다.

(1) 장소마케팅의 상품유형

❁ 핵심제품

- 장소이미지
- 창조계급 비율
- 장소브랜드 가치
- 문화예술서비스 수준
- 도시의 경쟁력
- 삶의 질
- 정부(지자체 포함)의 거버넌스 수준
- 창조산업
- 인적 자본(교육 등) 수준
- 주민의 공동체 의식 수준

❁ 확장제품

- 쾌적한 주거환경
- 문화예술시설
- 효율적인 인허가절차
- 장소브랜드 마케팅 수준

❁ 설치제품

① 물리적 시설제품

- 사회간접자본(도로, 철도, 항만, 산업단지 등)

- 토지
- 인적 자원
- 문화지구, 문화공간
- 관광지
- 오락시설
- 휴양시설
- 교육시설
- 콘서트 홀
- 박물관

② 상품 지향적 제품

- 문화상품
- 예술상품
- 관광상품
- 이벤트 상품
- 내수 및 수출용 상품

Chapter 19

장소마케팅 사례
(인천시 구도심 장소마케팅과정)

인천발전연구원, 인천시 구도심 장소마케팅 전략연구, 2002 토대로 재작성

19.1 구도심 장소마케팅 목표 및 과제

- 인천 구도심 장소마케팅 전략은 '지역 활성화'에 초점을 맞춘 관광객 유치 전략이다.

1) SWOT 분석

(1) 구도심의 강점 및 기회요인

- 국내 최대의 근대역사·문화자원 밀집지역임
- 대중적 선호도가 높은 음식자원이 있음
- 월미도에 대한 시장 인지도가 매우 강함
- 서울 및 수도권과 전철로 연결됨
- 유인가능성이 높은 틈새시장이 주변에 상당수 있음
- 구도심 활성화에 대한 사회적 관심이 증대함

blog.daum.net

인천시의 도시공간권역

www.onedaykorea.com

Korea Incheon City

www.urbangateway.org

인천광역시 풍경

2025 인천도시기본계획

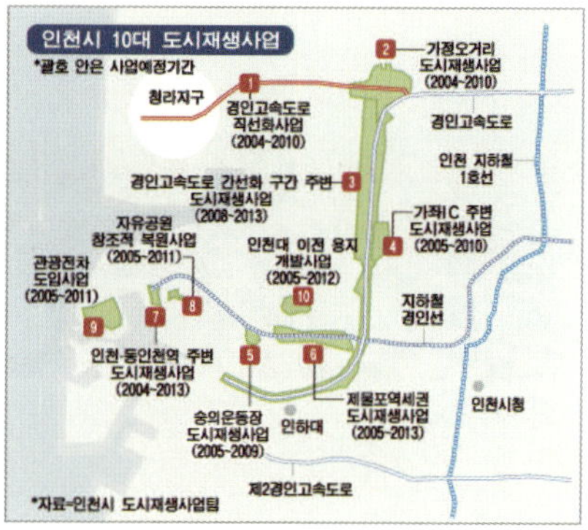

- 관광특구로 지정되어 있음
- 각종 대중문화작품 속에 공간적 배경으로 등장함

(2) 구도심의 약점 및 위협요인

- 자원성에 기초한 부가가치 창출이 취약함
- 관광지점 간이 분절적이며 상호연계성 및 보완성이 결여되어 있음
- 관광지분위기
- 이미지가 취약하고 연출이 부재함
- 다양한 노력들이 전개되고 있으나 활동 간 연계성이 부족함
- 인천시 자체의 관광목적지 이미지가 취약함
- 효과적이고 경쟁력 있는 홍보수단이 부족함

- 구도심의 이러한 강점과 기회요인 그리고 약점과 위협요인은 구도심 장소 마케팅의 전략요소, 즉 마케팅 이미지(Image), 마케팅 포인트(Point), 마케팅 타깃(Target), 마케팅 채널(Channel), 마케팅 추진조직(Organization)과 깊은 연관성을 가진다.

인천시 구도심

인천역 주변 도시재생사업

2) 구도심 장소마케팅 전략요소별 과제

(1) 마케팅 이미지(Image)

'구도심을 관광명소로서의 이미지 구축'이라는 장소마케팅 목표를 설정하게 되었다. 구도심 이미지 마케팅의 핵심은 '근대역사도시'라는 강한 브랜드 이미지를 창출하는 것이다.

❁ 구도심 마케팅 이미지 구축효과

이미지 구축·홍보 → 시장의 인지도 증가 → 브랜드 이미지 구축 → 방문동기 자극 → 관광객 증가 → 관련 민간사업의 증가 → 정책사업의 필요성 증가 → 지역활성화 자극 → 이미지 제고·강화

- 구도심의 마케팅 이미지와 관련된 핵심과제는 다음과 같이 도출된다.
  * 바다와 항만인접지역에서 근대역사도시로 통합브랜드 이미지 창출
  * 인천의 최초가 한국의 최초라는 이미지 보급

(2) 마케팅 포인트(Point)

- 직접적인 방문 혹은 체험대상이 되는 마케팅 포인트는 마케팅 이미지와 연계되는 전략요소이다.
- 구도심 마케팅 포인트와 관련된 핵심과제는 다음과 같이 도출된다.

❁ 고유한 장소성 표출을 위한 전략 포인트 육성

- 전략 포인트는 100년 전 국제도시로서의 다국적·다민족 문화기반을 복원, 근대개항장 및 일제강점 시대의 독특한 역사·문화성복원 '인천 최초가 한국 최초'임을 구현할 수 있어야 한다.
- 외국의 경우, 근대역사 환경들의 분위기와 이미지를 재활용하여 도시관광지로 활용하고 있는 사례가 많이 있다.
- 대표적으로 파리의 오르세 미술관, 보스톤의 퀸시 마켓, 고베의 하버랜드 부분, 구라사키의 미관지구, 요꼬하마의 M21 등이 창고건물(벽돌 조)과 각종 산업유산(철도역, 도크, 공장)들을 관광거점으로 활용하고 있다.

❁ 포인트 간 네트워크 실현

- 포인트를 연계하여 단일 체험권으로 육성하며 구도심 내 체류시간 증대를 도모해야 한다.

(3) 마케팅 타깃(Target)

- 구도심 마케팅의 핵심표적은 인천시민, 인천방문객, 서울거주자가 된다.

(4) 마케팅 채널(Channel)

- 구도심 방문은 과거로부터의 경험, 주변으로부터의 추천에 의해 주로 이루어지고 있다. 현재 구도심 방문과 관련된 시와 구의 홍보활동은 홍보물 제작, 관광안내소 운영, 인터넷 홈페이지상의 문화관광정보 제공이 주가 된다.

① 도심마케팅 채널과 관련된 핵심과제

- 표적시장에 대한 전략적 마케팅 채널구축

  * 인천시민과 인천방문객. 경유객 대상의 마케팅 및 커뮤니케이션 활동 강화
  * 서울시장에 대한 특단의 마케팅 채널 구축

- 기존마케팅 채널의 활용도 제고
- 공공부문의 협력적 네트워크 구축

  * 구도심 관련 정책 사업을 통합·조정하기 위해 인천시의 관련 실무부서, 중구와 동구의 실무부서 간 유기적 연계체계가 구축되어야 한다.

- 민관 협력형 추진주체 구성

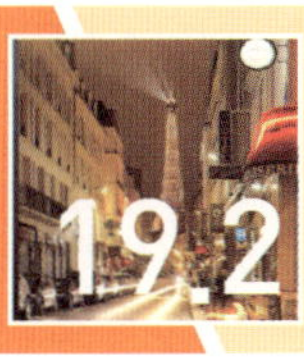

19.2 구도심 장소마케팅 전략

1) 구도심 장소마케팅 추진목표 및 비전

(1) 추진목표

- 관광객 유치를 통한 지역경제 활성화
- 근대 역사도시로서의 구도심 역사·문화적 정체성 회복
- 지역주민의 자부심과 내 고장에 대한 애착심 고취

(2) 발전비전

- 개항 이후 한국 근대사를 주도했던 '한국 근대사의 중심'으로서의 역사·문화적 뿌리를 복원하고,
- 바다전망 식도락 중심의 관광공간에서 인천의 '선(先) 최초' 정신을 구현하는 명소로 발돋움하며,
- 100년 전 국제도시의 흔적을 음미하고 이해하는 학습형 관광명소로 발전

개항 후 인천 모습(1890년)

(3) 핵심이미지 및 타깃

① 핵심이미지: '근대 역사도시'

- 세부이미지

  * 한국 근대사의 중심, 한국 최초의장, 길거리박물관, 차이나타운 등의 이미지는 마케팅 포인트 및 마케팅 채널 전략을 통해 전략적으로 육성·전달

② 마케팅 타깃

- 인천시민

  * 일상권 여가향유시장, 학생 등 교육형 체험시장
  * 인천에 체류하는 외국인

- 인천 방문객

  * 송도·소래포구 등 인천의 타 지역을 방문하는 비업무 목적 방문객, 인천공항 환승객·이용객, 인천 국제여객터미널 이용객

- 서울 거주자

  * 서울시민
  * 서울에 일시 체류하는 국내외 방문객

www.kepa.kr
소래포구 전경

songdoibd.tistory.com
송도국제도시

2) 전략 포인트 육성 및 연계

- 고유한 장소성 표출을 위한 전략 포인트 육성
- 포인트 간 네트워크 실현을 통한 단일 체험권으로 발전

(1) 전략 포인트 육성 장소성에 기반한 점의 활성화

① 인천역사 및 주변 공간 정비

- 인천역사의 가치
- 인천역사 주변 여건 변화
- 인천역사 활용의 기본방향

② 차이나타운

- 중국인 생활 및 비즈니스 거점으로서 아직까지 많은 한계가 있음
- 시범거리 조성 등 인위적 조성중심의 사업방식에서 '화교생활의 장'으로 발전될 수 있는 활성화 기반 시책추진
- 다민족·다국적 속성에 기초한 역사문화 이벤트공원으로 특화조성
- 구도심 관광의 결절점이자 핵심 축으로 활용
- 월미 관광 특구 진흥계획 등 구도심 관련계획에서 통합적으로 고려
- 동인천 방문자센터 건립

www.chemidream.com

yourincheon.tistory.com

인천 차이나타운 거리 축제의 모습

③ 체험요소 확충

1. 다양한전시공간확충
   * 근대 건축물을 전시문화공간으로 활용
   * 요리본산을 강조하는 매력물 개발
2. 근대 역사도시로서의 장소성에 기초한 문화관광축제 육성
3. 도보관광 네트워크 구축: 점에서 선·면으로 확대

도보관광 인프라 구축

- 인천역~차이나타운~자유공원~창고거리 및 근대건축물 밀집지구~신포문화의 거리~동인천역~화평동 냉면골목~화도진 공원으로 연계되는 보행공간에 매력적인 도보관광환경 구축
- 장소네트워크의 거점은 인천역, 자유공원, 동인천역으로 설정하고 안내·해설·방문객지원 기능을 최대한 집약
- 주말 정기 워킹투어 프로그램 정례화 운영

m.blog.daum.net

신포문화의 거리

- 도보관광지원을 위한 가이드북 및 가이드맵(map) 제작

구도심 내 순환관광 교통수단 도입

- 시티투어형 '구도심 역사문화 관광순환버스' 운행
- 구도심 순환 트램(Tram) 설치추진
- 자전거나 인력거도 구도심 네트워크 수단으로 활용

④ 다원적 채널을 통한 홍보

- 근대 역사도시로서의 통합브랜드 이미지를 구축하고
- 표적시장에 대한 전략적 마케팅 채널 구축 및 기존 마케팅 채널의 활용도 제고

  1. 이미지 마케팅 기본계획 수립·추진
  2. 관광안내소 활용도 제고
  3. 홍보물 형태 및 배포방법 개선

온라인 활용 홍보활동 강화

- 구도심 근대 역사도시 소개 특별코너 혹은 전문 홈페이지 구축
- 여행관련 홈페이지상에서 구도심 홍보활동 강화
- 구도심 장소성과 관련 있는 온라인 동호회 지원 및 활용
- 캠페인 및 행사추진·상징물 및 기념품을 마케팅 채널로 활용

⑤ 마케팅 추진 조직 구축

- 공공부문의 협력적 네트워크 구축
- 민관협력형 추진주체 구성

시와 구 행정조직의 행정네트워크 구축

- 시의관련 부서 : 관광개발과 관광정책과 회계과 문화예술과 도시계획과 녹지조경과 도로과 등

민관협의체 구성

- 1단계 : 구도심 장소마케팅 태스크포스팀(TFT) 구성
- 2단계 : 구도심 지역포럼 조직
- 3단계 : 민관협의체 조직

Chapter 20

가로마케팅

20.1 가로(거리)의 의미

1) 가로의 개념

- 가로의 개념은 영어의 street로서 라틴어의 sterner에서 유래한다. 이는 '포장한다'라는 뜻으로 독일어의 strasse, 이탈리아어의 strada도 같은 의미를 가진다.
- 가로는 원래 포장된 길을 의미하던 것이 지금은 도시 내의 길을 의미한다.
- '거리(street)'는 사람들이 걷고 대화하고 즐기는 공간인 것이다. 이 같은 관점에서 거리는 사람들의 걷는 행위와 거리의 건축구조물과의 상호교호작용이 이루어지는 공간으로 보아야 한다.
- 가로란 길과 도시시설, 길과 길가의 토지이용, 길과 건축물이 만나서 서로 교호하는 공간이다. 길은 이처럼 길과 관련된 요소들을 연결해주는 역할을 한다.
- 길에는 사람들이 모여들어 대화하고, 걷고, 물건을 사고, 휴식을 하고, 이벤트 등을 펼친다. 길이라는 공간은 도시에 있어서 이처럼 중요한 활동(activity)이 일어나는 삶의 공간인 것이다.
- Newman(1972)은 가로공간은 사적 영역과 공적 영역으로 구분되는 동시에 두 공간에 대한 매개공간으로서 반사적, 반공적 공간을 만들어낸다고 한다. 이 때 길이라는 매개공간은 지단의 결속력과 사회적 교류를 활발하게 하는데 영향을 미친다고 개념화한다.
- Wolf(1978)는 가로를 "다양한 의사소통, 교환, 교류의 정도가 높은 집중도를 가지고 있는 곳"이라고 정의한다.

20.2 가로공간의 기능 및 마케팅 요소

1) 가로공간(Street Space)의 기능

(1) 교통 기능

- 교통수단 통과 기능: 자동차, 오토바이, 자전거, 보행자의 통행
- 접근 기능: 건물, 가로, 가로 내의 시설물에 대한 접근
- 주정차 기능: 자동차, 자전거 등의 주정차

(2) 생활환경과 공공디자인 기능

- 가로활동 기능: 산책, 조깅, 휴식, 놀이, 작업장, 노점 기능
- 연도건물과의 교류 기능: 공동체 의식강화 시각적 교류, 매매 등의 교류
- 환경 기능: 녹지, 일조채광, 통풍, 소음, 진동의 영향
- 공공디자인 기능: 도시인식, 경관, 스트리트 퍼니처, 디자인, 정보체계, 안내정보디자인, 공공예술

(3) 공급처리 기능

- 도시방재 기능: 피난격리방재활동
- 공급 기능: 에너지, 정보, 상수
- 처리 기능: 폐기물

2) 가로의 물리적·감성적 마케팅 요소

(1) 물리적 요소

- 가로변의 건물군
- 간판
- 가로등
- 신호등
- 표지판
- 휴지통

(2) 감성적 요소

- 소리
- 빛
- 냄새

3) 가로경관(Streetscape)의 마케팅 요소

① 도로: 도로 본체, 도로, 식재, 도로부속물, 도로점유물
② 연도변: 건축물, 광고간판, 부지주변, 경작물, 수목, 공지
③ 원경: 산 등의 자연요소, 탑 등의 인공물 요소
④ 인간활동: 보행자, 자전거, 자동차 등
⑤ 지하부: 도로건설, 상업시설, 전력 및 통신시설, 하수시설

4) 가로공간의 1차, 2차, 3차 요소(시노하라 오사무)

시노하라 오사무(1998)에 의하면 가로공간은 1차, 2차, 3차의 요소로 나누어진다고 한다.

(1) 1차 요소

- 폭
- 포장
- 노변건물 벽면
- 천장면(비가시적)

(2) 2차 요소

- 자연요소 가로공간의
  물리적 요소: 가로수, 물·돌 등
  비물리적 요소: 주야, 계절변화, 향 등
- 인공요소
- 가로구조물: 교량, 지하도, 환기시설 등
- 가로시설물: 전기, 통신시설, 가로등 등
- 가로장치물: 공중전화, 표지판, 조형물 등

(3) 3차 요소

- 인간의 행위

20.3 가로환경시설물 관련 마케팅 요소

(1) 가로등 및 조명

- 고주조명(High mast lighting)
- 조명등(Lighting columns)
- 연출조명(Amenity lighting)
- 가로등(Street lighting lanterns)

(2) 교통시설

- 볼라드(Bollards)
- 보도교(Footbridge for urban roads)
- 포장과 식재(Paving and Planting)
- 가드레일 난간, 철책, 벽(Guard rails, Fencing and Walling)
- 볼라드
- 벽(Limit)
- 노면(Floor Covering)
- 버스 쉘터(Bus shelters)
- 도로표지판(Road signs)
- 자전거 정차대(Bicycle stand)
- 주차 미터기

(3) 안내정보시설

- 옥외광고간판(Outdoor advertising signs)
- 광고물(Advertising)
- 사인(Sign posting)
- 전화박스(Telephone)
- 우체통(Letter box)
- 쇼 케이스(Show case)
- 전시실(Exhibition pavilion)
- 시계(Clock)

(4) 조경시설

- 식재
- 조각
- 분수
- 화단수목보호대
- 예술적 장치물
- 친수 장치

(5) 놀이시설

- 그네
- 미끄럼틀
- 어린이 놀이터

(6) 위생시설

- 화장실
- 휴지통
- 쇼 케이스(Show case)
- 전시실(Exhibition pavilion)
- 시계(Clock)

(7) 가로환경시설물의 용도별 마케팅시설

① 자동차용 시설

- 교통 안전장치: 신호기, 교통표지
- 교통 보조장치: 파킹미터, 가로등
- 기타 장치: 안내판, 교통 정보판

② 보행자용 시설

- 교통 안전장치: 교통신호, 볼라드, 가드레일, 방호책
- 교통 보조장치: 버스정류장, 택시정류장, 자전거 정차대
- 정보장치: 사인, 안내판, 유도사인, 표지, 게시판, 시계, 간판, 광고
- 도시서비스장치: 전화박스, 전화스탠드, 포스트
- 위생장치: 쓰레기통, 음수대
- 휴게·휴식장치: 벤치, 의자, 테이블, 쉘터, 차양
- 구매장치: 매점, 스탠드, 자동판매기
- 조경장치: 조각, 모뉴먼트, 분수, 깃발, 플라워박스, 플랜터, 가로수지주, 정원 등
- 장애인장치: 점자표시, 유도사인

20.4 거리와 도시마케팅과의 관계

1) 거리마케팅믹스(Marketing Mix)

- 거리마케팅에 믹스 4P(Product, Price, Promotion, Place+Relationship)를 접목시켜 보자.
  * 상품(Product): 거리의 환경, 거리시설물, 활동, 이벤트
  * 가격(Price): 거리의 공간적 가치, 기대효과, 거리의 효용
  * 촉진(Promotion): 공공디자인 등에 의한 거리의 가치증대, 거리의 문화적 가치, 거리의 개발가치
  * 장소(Place): 대상지의 위상 및 가치 등
  * 관계(Relationship): 공공기관(공급자)의 환경개발과 시민(소비자)의 관계

2) 마케팅믹스와 디자인 서울거리(박성준 외, 2009)

- 마케팅믹스 4P(Product, Price, Promotion, Place+Relationship)와 디자인 서울거리를 접목시켜 보자.
  * 상품(Product): 시설물 정비 및 보행자중심거리 등
  * 가격(Price): 노점상, 상권의 활성화
  * 촉진(Promotion): 디자인 체험 및 세계디자인 수도
  * 장소(Place): 지역경제 및 문화 활성화
  * 관계(Relationship): 시민들의 삶의 질 향상을 통한 지방자치단체의 신뢰도 회복

3) 디자인 서울거리의 마케팅 요소 및 가로조성 계획요소

(1) 서울디자인 4대 전략과 도시마케팅 요소

서울디자인

4대 기본전략	도시마케팅 요소	가로조성계획 요소
A. 비우는 거리	질적 향상	Aa. 보행 친화 디자인: 포장, 거리시설물, 맨홀(분전함) Ab. 교통과 거리위계: 볼라드, 펜스, 가로등 Ac. 다양한 교통수단: 버스셸터, 택시셸터, 지하철 출구
B. 통합된 거리	장소성 향상 프로모션	Ba. 명확성, 편의성: 벤치, 화장실, 안내판 Bb. 장소성, 중심성: 행정구역 중심성, 축선 통제도, 연결도 Bc. 심미성: 환경조형물, 환경색채, 경관조명
C. 더불어 만드는 거리	관계형성	Ca. 장소콘텐츠: 휴식공간, 소공원, 문화유산 연계성 Cb. 복합용도거리: Pocket Plaza, 복합용도개념, 저층부 공간연계 Cc. 서비스시설입지: 키오스크, 환경조형물, 대규모 점포
D. 지속가능한 거리	지속가능	Da. 지속가능성: 가로수, 화단, 친환경 계획요소

자료: 서울시(2008), 디자인 서울거리 조성사업확대시행에 따른 타당성조사, 서울시 디자인 총괄본부; 박성준 외(2009), 도시마케팅을 위한 디자인 서울거리의 공간구조 분석에 관한 연구, 대한건축학회 논문집 계획 제25권 제10호

4) 서울시 구청별 디자인 서울거리 가로조성 계획요소

서울시(2008), 디자인 서울거리 조성사업확대시행에 따른 타당성조사, 서울시 디자인 총괄본부를 토대로 재작성

(1) 종로구 가로계획 요소

- 보행로 화장 및 Green Zone(우드 데크) 조성
- 불법 포스터설치 방지를 위한 경량의 개방형 펜스 설치
- 소극장의 공연홍보무대 공간으로 활용하기 위한 복합용도 공간 조성
- 혼잡한 지하철역 출구에 수(水) 공간 계획을 통한 거리의 청량감 부여
- 거리의 제거 가능한 펜스(Fence)를 제거하고 화단을 조성하여 오픈 공간 조성
- 지하철 캐노피 철거를 통한 보행자의 시야 확보
- 가로수 사이 휴게공간 조성
- 문화행사가 많은 지역에 통합안내 시스템을 계획

(2) 중구 가로계획 요소

- 보도 포장개선사업과 불필요한 가로판매대 정비를 통한 보행환경개선
- 버스정류장 위치 재설정 및 환경개선
- 가로수 및 휴식 공간 조성
- 간판 개선 사업을 통한 깨끗한 거리환경 조성

(3) 용산구 가로계획 요소

- 공중화장실 리모델링을 통한 가로이미지 개선
- 옹벽에 자연친화적인 요소 적용
- 펜스(Fence) 및 가판거리 조성을 통한 가로상권 활성화 및 가로 정비 추진
- 보도블록 교체 및 무장애 보도계획을 통한 보행환경개선
- 통합가로시설(가로등, 안내사인, 신호등) 설치를 통한 깨끗한 거리조성

(4) 광진구 가로계획 요소

- 가로환경 디자인 개발(통합형 가로등)을 통한 쾌적하고 안전한 거리 조성
- 걷고 싶은 보행환경 조성(보도 포장 및 시설물 설치)
- 환경색채 정비를 통한 아름답고 조화로운 도시 색채환경 구현
- 야간경관 조명디자인을 통한 지역정체성 확립
- Pocket Plaza 조성을 통한 보행자 활동의 거점 마련

(복합문화 활동과 Event Program 활동 공간, 어린이 중심거리)

- Pocket Park 조성(세종대 담장 허물기를 통한 지역주민을 위한 휴게공간 조성)
- 우드 데크 및 화단조성 등 친환경적 계획요소 반영

(5) 성북구 가로계획 요소

- 부피감을 최소화한 펜스
- 심플한 보도 포장계획
- 축성시대별 성곽의 조형적 비례적용
- 볼라드와 펜스의 통합화, 화단과 시설물의 통합
- 무장애 보행환경 조성(점자블록, Foot Light 설치, 보행자등 설치)
- 보행 방해 가로시설물 정비
- 버스정류장, 안내표지판, 맨홀, 가로수, 가로판매대 등 보완계획
- 친환경 마감재(돌, 나무)를 통한 지속가능한 공간 조성

(6) 강남구 가로계획 요소

- 가로경관의 불필요한 기능을 통폐합하여 거리경관과 보행환경 개선
  (가로등 기능이 통합된 정보를 알려주는 미디어 폴(Media Poll) 설치)
- 거리마다 Media Stage를 통한 세계적인 명품거리 조성

- 가각부의 차선 매입을 통한 복합용도 공간(만남의 광장) 조성
- 통일된 수종의 선정하고, 랜드 마크(낙락장송) 식재로 보행자에게 휴식공간제공

(7) 강동구 가로계획 요소

- 지하보도 및 버스 쉘터 경관 개선
- 보도 평탄화 및 가로시설물 최소 통합화
- 포켓공원 조성을 통한 복합문화 이벤트 공간 및 휴식공간 조성
- 가로수 정비를 통한 원활한 보행통행 유지와 그늘 조성
- 펜스, 볼라드, 수목보호관, 자전거 보관대, 맨홀, 환기구 디자인 개선
- 가로 판매대 디자인 개선을 통한 가로상권 활성화 유도

(8) 금천구 가로계획 요소

- 도로조명, 경관조명의 백색광원 램프의 교체를 통한 조도 분포개선
- 환경색채 계획을 적용한 Color Street(오방색) 조성
- 건물과 건물 사이 공간을 활용한 주민참여형 휴게공간 조성
- 구역별 정원 가꾸기를 통한 친환경 계획요소 반영
- 가로의 옥외광고물 정비 및 가이드라인 제시
- 상업건물의 외관개선을 통한 랜드 마크 계획(금천구 영상전시 공간)

(9) 구로구 가로경관계획 요소

- 지역 특성 활성화를 통한 미디어 아트 플라자 조성
- 상업공간의 사유지를 복합용도의 공간으로 조성
- 거리를 상징하는 환경조형물 설치를 통한 거리 아이덴티티 정립
- 완충공간의 녹지 및 가로수 정비

- 가로시설물(벤치, 가로등, 버스 쉘터) 통합정비
- Digital적인 광(Lighting) 포장 및 감성 보행로 환경조성

(10) 관악구 가로계획 요소

- 조경아일랜드의 배치를 통한 휴식공간의 조성
- 보도와 차도의 색채통일로 시각적 공간감 확보
- 나무(Tree)패턴 적용을 통한 보도패턴 및 가로시설물(가로등 등) 개선
- 통행량을 고려한 식재 간격 조성
- 통합가로시설물 적용
- 가로시설물에 친환경 디자인 요소 반영

자료: 서울시(2008), 디자인 서울거리 조성사업확대시행에 따른 타당성조사, 서울시 디자인 총괄본부; 박성준 외(2009), 도시마케팅을 위한 디자인 서울거리의 공간구조 분석에 관한 연구, 대한건축학회 논문집 계획 제25권 제10호

참고문헌

국내 문헌

강승규(2006), '도시브랜드 관리모델 구축에 관한 연구 — 서울시 브랜드 마케팅 사례를 중심으로', 서강대 영상대학원

강정석(2013), 해외PR 및 국가브랜드 제고를 위한 전략목표체계 구축에 관한 연구, 한국행정연구원

김석준·이선우·문병기·곽진영(2000), 뉴거버넌스 연구, 서울 대영문화사

김세용(2010), 도시의 철학과 미래상을 담은 도시브랜드, 2010 인천 도시브랜드포럼, 미래지향적인 도시브랜드 만들기, 인천발전연구원

김영수(2011), 월간 자치발전 2011년 2월호

김정탁·김일태·정우성(2003), 한국대도시 전략적 도시마케팅

김찬동(2006), 서울마케팅 전략개발에 관한 연구, 도시브랜딩을 중심으로, 서울시정개발연구원

김태선(1998), 장소마케팅 전략에 관한 연구, 서울대 경영학과 석사학위논문

박성준 외(2009), 도시마케팅을 위한 디자인 서울거리의 공간구조 분석에 관한 연구, 대한건축학회 논문집 계획 제25권 제10호

서울시(2008), 디자인 서울거리 조성사업확대시행에 따른 타당성조사, 서울시 디자인 총괄본부

이무용(2003), '도시활성화의 새로운 패러다임, 장소마케팅 전략', 서울시정개발연구원, 『서울경제브리프』, No.7

이무용(2004), '도시문화 활성화를 위한 장소마케팅 전략', 『지역문화정책과 도시마케팅』, 도서출판 디프넷

이무용(2006), '장소마케팅 전략의 문화적 개념과 방법론에 관한 고찰', 『대한지리학회지』 41(1), 대한지리학회

인천발전연구원(2002), 인천시 구도심 장소마케팅 전략연구, 인천발전연구원

인천발전연구원(2010), 2010 인천 도시브랜드포럼, 미래지향적인 도시브랜드 만들기, 인천발전연구원

최막중·최미옥(2001), 장소성의 형성요인과 경제적 가치에 관한 실증적 분석, 대학로와 로데오거리 사례를 중심으로, 대한국토도시계획학회지, 제36권 2호, pp.153-162
최규창(1999), 전략적 지역마케팅에 관한 연구, 서울대 석사학위논문

외국 문헌

Andersson, M. (2007). Region branding: The case of the Baltic Sea region. *Place Branding and Public Diplomacy*, 3(2), pp.120–130

Anholt, S. (1998). Nation brands of the twenty-first century. *The Journal of Brand Management*, 5(6), pp.395–406

Anholt, S. (2007). *Competitive identity: The new brand management for nations, cities and regions*. New York: Palgrave Macmillan

Appadurai, A. (1996). *Modernity at large*. Minneapolis: University of Minnesota Press

Aronczyk, M. (2007). New and improved nations: Branding national identity. In C. Calhoun & R. Sennett(Eds.), *Practicing culture* (pp.105–128). New York: Routledge

Aronczyk, M. (2009). How to do things with brands: Uses of national identity. *Canadian Journal of Communication*, 34(2), pp.291–96

Arvidsson, A. (2006). *Brands: Meaning and value in media culture*. New York: Routledge

Dinnie, K. (2004). Country-of-origin 1965-2004: A Literature Review. *Journal of Customer Behaviour*, 3(2), pp.165–213

Dinnie, K. (2008). *Nation branding: Concepts, issues, practice*. Oxford, UK: Butterworth-Heinemann

Donald, S. H. & Gammack, J. G. (2007). *Tourism and the branded city: Film and identity on the Pacific Rim*. Burlington, VT: Ashgate

Donald, S. H., Kofman, E., & Kevin, C.(Eds.) (2009). *Branding cities: Cosmopolitanism, parochialism, and social change*. New York: Routledge

Einstein, M. (2007). *Brands of faith: Marketing religion in a commercial age*. New

York: Routledge

El-Nawawy, M. (2006). U.S. public diplomacy in the Arab world: The news credibility of Radio Sawa and Fan, Y. (2005) Branding the nation: What is being branded? *Journal of Vacation Marketing*, 12(1), pp.5 – 14

Fan, Y. (2009). Branding the nation: Towards a better understanding. *Brunel Business School Research Papers*. Retrieved March 30, 2010, from http://bura.brunel.ac.uk/handle/2438/3496 *Department's Shared Values Initiative*. Spokane, WA: Marquette Books

Gertner, D. (2007). Place branding: Dilemma or reconciliation between political ideology and economic pragmatism? *Place Branding and Public Diplomacy*, 3(1), pp.3 – 7

Gilmore, F. (2002. A country-Can it be repositioned? Spain-The success story of country branding. *Journal of Brand Management*, 9(4), pp.281-293

Hall, S. & du Gay, P.(Eds.). (1996). *Questions of cultural identity*. Thousand Oaks, CA: SAGE

Harvey, D. (1990). *The condition of postmodernity: An inquiry into the origins of cultural change*. Cambridge, MA: Blackwell

Kaneva, N. (2007a). *Re-imagining nation as brand: Globalization and national identity in post-communist Bulgaria*. Doctoral dissertation, University of Colorado at Boulder. Retrieved January 6, 2009, from Dissertations & Theses: Full Text (Publication No. AAT 3273677)

Kaneva, N. (2007b). Meet the "new" Europeans: EU accession and the branding of Bulgaria. *Advertising & Society Review*, 4(8)

Kavaratzis, M. (2005). Place branding: A review of trends and conceptual models. *Marketing Review*, 5(4), pp.329-342

O'Shaughnessy, J. & O'Shaughnessy, N. J. (2000). Treating the nation as a brand: Some neglected issues. *Journal of Macromarketing*, 20(1), pp.56 – 64

Olins, W. (1999). *Trading identities: Why countries and companies are taking on each other's roles*. London: The Foreign Policy Centre

Olins, W. (2003). *Wally Olins. On brand*. London/New York: Thames & Hudson

Olins, W. (2005). National branding in Europe. *Business at Oxford: The Magazine of the Said Business School*, 7(Summer), 4 – 6

Papadopoulos, N. (2004). Place branding: Evolution, meaning and implications. *Place Branding*, 1(1), pp.36－49

Papadopoulos, N., & Heslop, L. (2002). Country equity and country branding: Problems and prospects. *Journal of Brand Management*, 9(4-5), pp.294－314

Rainisto, S. K. (2003). Success factors of place marketing: A study of place marketing practices in Northern Europe and the United States. Doctoral dissertation, Helsinki University of Technology, 2003. *Dissertation Abstracts International*, 65(01). Retrieved April 3, 2004, from http://lib.tkk.fi/Diss/2003/isbn9512266849

Risen, C. (2005, December 11). Branding nations. *The New York Times Magazine*

Roy, I. S. (2007). Worlds apart: Nation-branding on the National Geographic Channel. *Media, Culture & Society*, 29(4), pp.569-592.

Szondi, G. (2007). The role and challenges of country branding in transition countries: The Central and Eastern European experience. *Place Branding and Public Diplomacy*, 3(1), pp.8-20

Therkelsen, A. (2003). Imagining places: Image formation of tourists and its consequences for destination promotion. *Scandinavian Journal of Hospitality and Tourism*, 3(2), pp.134-150

Van Ham, P. (2001b). The rise of the brand state: The postmodern politics of image and reputation. *Foreign Affairs*, 8(5), pp.2-6

Van Ham, P. (2002). Branding territory: Inside the wonderful worlds of PR and IR theory. *Millennium: Journal of International Studies*, 31(2), pp.249-269

Wetzel, F. (2006). Brand England. *Place Branding and Public Diplomacy*, 2(2), pp.144-154

Widler, J. (2007). Nation branding: With pride against prejudice. *Place Branding and Public Diplomacy*, 3(2), pp.144-150

Yan, J. (2003). Branding and the international community. *Journal of Brand Management*, 10(6), pp.447-456

찾아보기

ㄱ

ㅅ

ㅇ

기타

【저자 약력】

원제무

저자는 한양대 공대, 서울대 환경대학원, 미국 UCLA 도시건축대학원을 졸업하고, 미국 MIT에서 도시공학 박사학위를 받았다. 도시계획 및 정책, 지속가능 교통, 도시마케팅, 창조도시, 도시재생 등의 분야에 다양한 논문을 발표하면서 저서를 출간해 오고 있다. 아울러 이들 분야의 정책과 이슈에 대한 정책자문을 제공해 왔다.

저자는 KAIST 교통계획 실장, 서울시립대 도시공학과 교수, 서울연구원 선임연구위원 등을 거쳐 한양대 도시대학원에서 도시마케팅, 창조도시, 도시문화, 교통계획 등을 강의해 오고 있다.

국가·도시브랜드 마케팅

초판 인쇄 2016년 3월 5일
초판 발행 2016년 3월 10일

지은이 원제무
펴낸이 박노일

총괄기획 김중용
편 집 심성보

펴낸곳 pnc publishing and culture 피앤씨미디어
경기도 고양시 일산동구 강송로 153 310-1501
등록 제396-2012-000203호
전 화 070)7550-3758 팩 스 02)718-8554
홈페이지 www.pncmedia.co.kr 이메일 pnc@pncmedia.co.kr
ISBN 979-11-5730-279-6 93320

정 가 25,000원